税務の異常点の表れ方と見つけ方

公認会計士・税理士
森 智幸
MORI Tomoyuki

【著】

中央経済社

はじめに

　本書は，主に税理士や中小企業の経理担当者を対象として，法人の税務における異常な取引や処理について，その表れ方や見つけ方を説明するものです。

　さらに，このような異常点に対してクライアントである中小企業がどのような事前対策を行えばよいのか，また，税理士が異常点を発見したときにどのように対応すればよいのか，その具体的な方法についても紹介しています。

　税務の異常点が発生するときは，必ず何らかの兆候が表れます。このような税務の異常点の表れ方と見つけ方をあらかじめ知っておけば，不適切な処理に基づく税務リスクを低減することができます。

　また，クライアントによる事前対策は，税務に関するコーポレートガバナンス（税務CG）に関連するものです。税務CGのレベルが高まることで，クライアント自身が不適切な税務申告や税務処理を防止，発見できる可能性が高まります。税務CGは現在，大企業に対して国税庁が評価を行っていますが，今後，中小企業にも波及していくと予想されます。そして，その構築のためには，税務に携わっている税理士の力が不可欠です。

　本書では，「異常」というテーマに見合った，イレギュラーな異常取引を取り上げました。本書は，いわゆる事例集や誤りやすい論点集ではないため，あらゆる論点を取り上げたものではありませんが，これらの異常取引は税務を行っていると出てくる可能性があるものです。

　本書が，適切な税務申告や税務処理を行うために日々，業務に携わっている税理士や中小企業をはじめとした法人の経理担当者の参考になりましたら幸いです。

2024年1月

公認会計士・税理士　森　智幸

目　次

はじめに・3

第Ⅰ章　経理の異常 ————————————————— 9

1　仕訳の異常 ……………………………………………………… 10

  1　摘要欄の説明が不十分／10

  2　数字がきれい／14

  3　普段使われない勘定科目／17

  4　期末にふさわしくない／21

2　証憑類の異常 …………………………………………………… 25

  1　請求書が簡素／25

  2　インボイスが不適法／28

  3　インボイス登録番号の入力誤り／32

  4　振替伝票の廃棄・上書き修正／38

  5　契約書がない・古い／43

3　期ズレの異常 …………………………………………………… 47

  1　売上の相手勘定が現金預金／47

  2　費用の前倒計上／54

  Column　管理体制に絶対的なものはない／58

目　次

第Ⅱ章　勘定科目別の異常 ———————————— 59

1　現金預金の異常 ·· 60

    1　簿外の現金預金／60

    Column　資産の網羅性と負債の実在性／66

    2　休眠口座／67

2　貯蔵品の異常 ·· 70

3　棚卸資産の異常 ·· 73

    1　実地棚卸の対象漏れ／73

    2　カウント漏れ／77

    3　届け出た評価方法と異なる／80

4　繰延資産の異常 ·· 83

5　固定資産の異常 ·· 85

    1　入力漏れ・消去漏れ／85

    2　修繕費の処理誤り／88

    3　修繕費の架空計上／91

    4　架空の廃棄と除却損／94

6　前払費用の異常 ·· 98

7　貸付金の異常 ·· 100

8　有価証券の異常 ·· 103

9　買掛金の異常 ·· 107

    1　残高がマイナス／107

    2　滞留債務／111

    3　預り金の計上誤り／115

10　借入金の異常 ·· 119

    Column　AIによる異常点の見つけ方／122

11　売上の異常 ·· 123

    1　売上の計上漏れ／123

2 返品分の簿外売却／129

3 繰欠活用のため繰上計上／132

⑫ **売上原価の異常** ……………………………………………… 136

⑬ **役員給与の異常** ……………………………………………… 138

⑭ **給与・賞与の異常** …………………………………………… 141

⑮ **減価償却費の異常** …………………………………………… 146

1 未稼働資産の減価償却／146

2 不適切な耐用年数／150

⑯ **交際費の異常** ………………………………………………… 153

⑰ **費用全般の異常** ……………………………………………… 157

1 架空取引・水増し取引／157

Column もし従業員の横領について責任追及されたら……／165

2 落とし前代金を払わされている／166

⑱ **消費税の異常** ………………………………………………… 169

⑲ **推移の異常** …………………………………………………… 173

1 前期比較・月次推移の変動が著しい／173

Column スパークラインを使った異常値の発見方法／178

2 推定値と実績値の乖離が著しい／181

3 経営指標の値が顕著／186

4 回転期間が実態と合わない／191

Column AI時代でも異常取引は続く／196

6

目　次

第Ⅲ章　会社組織の異常 ———————————— 197

　　1　経営者の異常 ………………………………………… 198
　　2　取締役会・監査役の異常 …………………………… 201
　　　　Column　AIで会社組織の異常もわかる⁉／204
　　3　ビジネス環境の異常 ………………………………… 205
　　4　情報伝達の異常 ……………………………………… 209
　　5　部署間の異常 ………………………………………… 213
　　6　税務学習の異常 ……………………………………… 216
　　　　Column　税務コーポレートガバナンスは中小企業にも波及する／220

おわりに・221

7

本書の構成

　本書は，第Ⅰ章 経理の異常，第Ⅱ章 勘定科目別の異常，第Ⅲ章 会社組織の異常の3章で構成しています。

　また，各論点はすべて，⑴ 異常点の表れ方，⑵ 異常点の見つけ方，⑶ クライアントによる事前対策，⑷ 税理士が発見した場合の対応という構成になっています。

　本書は，自社で経理を行っている非上場の中小企業を想定しています。そこに顧問税理士が，税務処理のチェック，税務申告書の作成を行っているというイメージです。また，従業員数が少ない小規模な会社も想定し，そのような会社においても可能な事前対策なども小規模会社での対策として必要に応じて説明しています。

　税理士が行う業務は，税務調査ではありませんから，会計処理や税務処理の誤りを積極的に見つけることを目的としたものではありません。そのため，⑴ 異常点の表れ方，⑵ 異常点の見つけ方の2項目は，税理士が適正な税務申告，適正な税務処理を行う上で注意していただきたい事項ということになります。

　また，⑶ クライアントによる事前対策は，クライアント自身が構築すべき管理体制（ガバナンスや内部統制）を紹介したものです。あくまで例なので，そのクライアントの状況によって柔軟に対応することになります。**Column** で紹介するように，管理体制に絶対的なものはありません。なお，本書では，税務においては「ガバナンス」や「内部統制」という用語があまり出てこないことから，「管理体制」という表現を使用しています。

　最後に，⑷ 税理士が発見した場合の対応も，対応例を紹介したものです。こちらもその時の状況に応じて適切に対応することになります。

第 I 章

経理の異常

　第 I 章では，税務における経理に関する異常点について説明します。

　法人税の計算の基礎は会計にあります。法人税は，会計上の純利益や純損失に基づいて計上されるからです。そのため，税務の異常点は，仕訳，証憑類といった経理に関するものに表れてきます。

　そこで，第 I 章では，仕訳や証憑類における税務の異常点の表れ方や見つけ方などについて説明します。また，制度がスタートしたインボイスについても，実際の事例などに基づいて説明しました。

　このような視点は，これまでの税務の書籍では記載されていないものですが，税務を行う上で適正な申告・納税を行うための方法の 1 つとしていただけると幸いです。

1 仕訳の異常

1 摘要欄の説明が不十分

　税務上，不適切な仕訳を行うと，摘要欄の書き方が不十分となる可能性が高くなります。とりわけ架空費用については，その説明も思いつきとなる可能性が高くなります。そのため，摘要欄が空欄になったり，あるいは説明が通常と異なったり，具体性に欠けたりするわけです。

　架空費用は損金とは認められないので，法人税においては全額否認となります。また，課税仕入れではないので消費税も修正となります。さらに，延滞税，過少申告加算税も発生してしまいますし，ケースによっては重加算税が課される可能性もあります。

(1) 異常点の表れ方

□ 摘要欄の記載がない
□ 摘要欄の記載があっさりしている
□ 摘要欄の書き方がいつもと異なる。あるいは，通常とは異なる記載がある
□ 会社部外者の個人名が記載されている
□ 社長や特定の役員名が記載されている

(2) 異常点の見つけ方

　オーソドックスですが，仕訳日記帳や総勘定元帳の摘要欄を閲覧します。

① 期末付近の仕訳の摘要欄を閲覧する

　摘要欄の異常が発生しやすいと想定されるのは，期末付近の仕訳です。期

末に近づくと，その事業年度の会計上の純利益の額が次第に明らかになってきます。会計上の純利益が大きい場合，それを減少させるために，例えば架空経費の計上など，不正な仕訳をする可能性がありますが，期末付近はそのタイミングとなるのです。

したがって，特に期末付近の仕訳の摘要欄について，記載がない，あるいは「コンサル料」，「○○一式」と記載があっさりしているなどといった場合は注意するとよいでしょう。

② 月次決算の段階で閲覧する

もちろん，期末付近の仕訳だけではなく，期中の仕訳の摘要欄についても注意する必要があります。とはいえ，年間のすべての仕訳と摘要欄を１度にまとめて閲覧するとなると負担がかかります。そのため，月次決算の段階でこまめにチェックすることで，負担を軽減するとよいでしょう。

③ 会計データをエクスポートして加工する

会計ソフトの仕訳日記帳や総勘定元帳の摘要欄を閲覧する方法の他に，会計ソフトのデータをエクスポートしてExcelの様式で出力し，それを加工してフィルターを設けてチェックするという方法もあります。

例えば，フィルターを設けて，摘要欄が空欄のものや説明が不十分なもの，一定の個人名や社名などをピックアップします。ただ，仕訳日記帳は列が多いため横に長くなりがちなので，ピボットテーブルを使うことができる方は，日付，伝票番号，借方・貸方の科目・金額などの必要な事項のみを取り出して簡易的な仕訳日記帳を作成し，それを使用して検索する方法もあります。

(3) クライアントによる事前対策

事前対策としては，クライアントの規模を問わず，摘要欄に取引内容を具体的に記載するようルールを設けるとよいでしょう。例えば，取引先名，具体的な取引内容，数量，場所といった内容です。また，摘要欄は原則として空欄にしないというルールにすることも必要です。

なお，クラウド会計における自動仕訳では，例えばECサイトで物品を購

入したような場合，摘要欄に記載がなくても自動的に取引内容が反映される
ものもあります。このような場合は，基本的には摘要欄の記載は必要ありま
せん。会計ソフトの仕組みに応じて柔軟に対応することも必要です。

〈小規模会社での対策〉

> 💡クラウド会計と自動仕訳の活用
>
> 人員に制約がある小規模な会社は，仕訳に加えて摘要欄もすべて手入力する
> と負担がかかってしまいます。このような会社では，前記のように，自動仕訳
> や取引内容の自動反映が可能なクラウド会計を導入すると，摘要欄の入力の時
> 間も省略できるので，導入効果が大きいものとなります。人員がそろっている
> 会社はもちろん，小規模な会社では特にその導入を検討するとよいでしょう。

⑷　税理士が発見した場合の対応

　摘要欄の説明が不十分な仕訳を発見した場合は，すぐに取引内容を質問し，
その取引の証憑を見せてもらう必要があります。特に，期末付近に金額が多
額で，しかも摘要欄の説明が不十分な取引が突然出てきた場合は，税務上の
不正が行われている可能性が高いので注意が必要です。

　このような取引が出てきた場合は，購買であれば，稟議書，契約書，注文
書，請求書，納品書，検収書控え，出金がわかる預金通帳やインターネット
バンキングの画面といった証憑一式すべてを提示していただく必要がありま
す。これらがすぐに出てこない場合は，要注意です。

　また，成果物を提示してもらうことも有効です。架空費用の場合，架空の
コンサルティング料，委託料，修繕費といったものが多いですが，例えば，
コンサルティングであれば，作成した資料のほか，相手先への訪問記録やオ
ンライン会議の記録，作業時間の管理表といったものがあるはずです。

　さらに，現場の担当者に来てもらって質問することも有効です。もし不正
があった場合は，口止めされている可能性が高いので，多くを語ろうとはし

ないと思いますが，表情や話し方でおおよそ予測がつきます。

こういった行為は，税務調査ではあるまいし，なぜ税理士が対応しなければならないのかと思われるかもしれません。しかし，プロフェッショナルである税理士であれば気づくはずであろう不正を看過してしまった場合，相当の注意を怠ったとされるおそれがあります（税理士法45条2項）。明らかにクライアント側が悪いため，税理士は気づかなかったとしても仕方がないという場合は，お咎めなしになりますが，この境界線がどのように判断されるのかは不明です。したがって，できる限りのことは行うことがよいでしょう。

そして，単なる記載漏れの場合は，摘要欄に適切な内容を記載することを指導しますが，もし不正が発覚した場合，あるいは不正の疑いが強い場合は，仕訳の取消しを指導します。それでも応じない場合は，顧問契約の解除を検討する必要があります。税理士によっては，不正が発覚した時点で顧問契約の解除を行うという方針の方もいらっしゃると思います。このあたりは，事務所の方針として決めておくとよいでしょう。

なお，もし税務調査で架空費用の計上が発覚した場合，その費用の額は損金の額として認められませんので，架空費用を計上した事業年度において別表四で加算し，別表五(一)でも利益積立金が計上されます。また，架空費用の仕訳が取り消されないと，この利益積立金が計上されたままとなるので，どこかのタイミングで架空費用の仕訳を取り消す必要があります。さらに，架空費用は課税仕入れとなりませんので，消費税の修正も必要となります。

法人税や消費税の修正申告を行うことになると，延滞税や過少申告加算税が発生します。重加算税が課される可能性も高くなります。

このように，架空費用はクライアントに重大な影響が発生するので，絶対に認めてはならないのです。

2 数字がきれい

　仕訳に計上された金額に同じ数字が並んでいたり，規則的な数字が並んでいたりする場合は，架空の仕訳や税務上不適切な仕訳である可能性があります。もちろん，世の中の取引の価額は，ゼロが並ぶきれいな金額であることは珍しくありません。しかし，そこに紛れ込ませるように架空の仕訳や不適切な仕訳があるおそれもあるので注意しましょう。特に，期末付近でこのような仕訳がある場合は要注意です。

　税務調査で架空費用が発覚した場合は，法人税においては全額否認となり，消費税も修正となります。また，延滞税や過少申告加算税も発生し，重加算税が課される可能性もあります。

(1)　異常点の表れ方

　□　「1,000,000」，「10,000,000」といったキリのよいきれいな数字がある
　□　「9,090」，「9,999」といった規則的な数字が並んでいる

---

(2)　異常点の見つけ方

①　仕訳日記帳からピックアップする

　見つけ方は，普段の月次決算に加えて，期末決算において仕訳日記帳を閲覧し，上記(1)のようなキリのよいきれいな数字の仕訳や規則的な数字が並んでいる仕訳をピックアップするという方法があります。特に，期末付近の仕訳は重点的に見ておきましょう。

　ただし，取引量がそれほど多くないクライアントであれば，この方法でも進められますが，取引量が多いクライアントの場合は，仕訳日記帳をエクスポートし，Excelにした上で加工し，フィルターを設けて検索するという方法もあります（上記 *1* 参照）。

14

第Ⅰ章　経理の異常

　ゼロが並ぶ数字の取引は，口座間の資金移動である場合がありますが，逆に，口座間の資金移動に見せかけてゼロが並ぶ数字を使用する可能性もあるのです。

② 「99,999」がないかチェックする

　もし，消耗品費勘定で「99,999」という数字が計上されている場合は，意図的に10万円未満として少額減価償却資産となるようにした可能性があります。例えば，税抜処理をしている場合，税抜100,150円の備品を購入したときに，少額減価償却資産となるよう「消耗品費99,999円，雑費151円」として，支払額全額を損金の額に算入するというケースが想定されます。

　実際にあるかないかは別として，このようなケースも想定しておくことが重要です。

　同じく，中小企業者等の少額減価償却資産（取得価額が30万円未満）の場合は，消耗品費勘定で「299,999」という金額で計上するケースが想定されます。また，一括償却資産の場合は，備品勘定で「199,999」という金額で計上するケースが想定されます。

(3)　クライアントによる事前対策

　このような仕訳は，経営者や役員によって入力されることが多いと想定されます。そのため，会計ソフトへログインできる人を限定するという方法があります。具体的には，IDとパスワードを設けてログインできる人を制限するという方法です。

　これは，このような仕訳の入力だけでなく，この後で説明する普段使用されない勘定科目の使用や期末にふさわしくない仕訳の計上について，経営者や役員によるものを防止するためにも有効です。

(4)　税理士が発見した場合の対応

　このようなきれいな数字等の仕訳を発見した場合は，口座間の資金移動ということであれば，通帳やインターネットバンキングの画面を閲覧して，本

15

当に口座間の資金移動であるかどうかを確かめましょう。

　また，きれいな数字等の仕訳が，外部との取引である場合は，架空取引ではないかを確かめるようにしましょう。方法としては，稟議書，契約書，注文書，請求書，納品書，検収書控え，支払に関する証憑（金融機関の通帳，インターネットバンキングの画面，領収書）を提出してもらい，閲覧することが有効でしょう。加えて，取引先が実際に存在する会社かどうか，国税庁の「法人番号公表サイト」で調べておきましょう。

　もし，架空取引である可能性が高い場合には，このような仕訳を取り消すようクライアントに要請してください。応じない場合は，顧問契約の解除も検討せざるを得ないのではないでしょうか。

　消耗品費で「99,999」といった数値が出てきた場合も同様です。この場合も，仕訳を修正してもらうのがベストですが，応じない場合は「損金として認められませんので……」と説明して，減価償却限度額を超える金額を，別表四で減価償却超過額として対応することは可能です。

　しかし，架空取引の場合は，仮にその費用額を否認したとしても，仕訳を取り消さない限り，利益積立金に残ったままとなります。不正な仕訳は必ず取り消してもらうようにしましょう。

第Ⅰ章　経理の異常

3　普段使われない勘定科目

　普段使われていない勘定科目が突然出てきた場合は，❶経理担当者が独断で使用した，❷新しい種類の取引が出てきた，❸税務上不正な仕訳が計上された，というケースが想定されます。

　そのため，新しい勘定科目が出てきたときは，どのケースであるかを見極める必要があります。また，新しい勘定科目を使用すると，税務署が注目する可能性があるので，設定するときは慎重に決定しましょう。

(1)　異常点の表れ方

> □　前事業年度までは使用されていなかった勘定科目が突然使用されている
> □　勘定科目一覧表を作成しているにもかかわらず，一覧表に掲載されていない勘定科目が使用されている
> □　取引内容にそぐわない勘定科目が使用されている

(2)　異常点の見つけ方

①　前期比較をする

　見つけやすい方法は，前期と当期の2期比較の試算表を作成することです。この様式の試算表であれば，新しい勘定科目を使用した場合，当期は数値が計上される一方，前期は残高がゼロで表されるので，見つけやすくなります。

②　稟議書のタイトル一覧を閲覧する

　勘定科目の管理をしっかりとしている会社であれば，新しい勘定科目を使用する場合に社内承認を得ていることがあるので，稟議書など社内決裁の書類の管理表に記載されているタイトルを見てわかる場合もあります。

17

⑶ クライアントによる事前対策

① 勘定科目一覧表を作成する

　理由もなく,突然新しい勘定科目が使用されると「一体何があったのか?」という事態になりかねません。税務署も同じように考えて注目することになります。そのため,使用する勘定科目は限定し,管理するとよいでしょう。

　具体的には,クライアント側で「勘定科目一覧表」を作成し,勘定科目,対象となる取引,コード番号などを一覧にするよう指導するとよいでしょう。

【勘定科目一覧表の例】

コード番号	勘定科目	対象となる取引
******	通信費	切手代,固定電話代,スマートフォン通話料金,インターネット通信費,ホームページ管理料
******	旅費交通費	電車代,新幹線代,バス代,飛行機代,宿泊費,ガソリン代
******	新聞図書費	日刊新聞,業務に必要な書籍,業界紙,オンラインの有料雑誌やメールマガジンに関する代金
：	：	：

　例えば,営業車のガソリン代について,「旅費交通費」で処理する会社もあれば,「燃料費」という勘定科目を使用する会社もあります。「旅費交通費」で処理している会社が,経理担当者の独断で「燃料費」を使用してしまうと,突然新しい勘定科目が出てくることになってしまいます。

　また,上記の例では「オンラインの有料雑誌やメールマガジンに関する代金」を「新聞図書費」に区分しましたが,会社によっては「通信費」とするところもあるでしょう。この区分をあらかじめ決めておかないと会計処理が混乱してしまいます。

　そのため,使用する勘定科目は一元的に管理しておく必要があるのです。

　以上は株式会社の場合ですが,例えば,公益法人の場合は「「公益法人会

第Ⅰ章　経理の異常

計基準」の運用指針」（内閣府公益認定等委員会）の「12.　財務諸表の科目」，また，社会福祉法人の場合は「社会福祉法人会計基準の制定に伴う会計処理等に関する運用上の留意事項について」の別添3「勘定科目説明」があります。

〈小規模会社での対策〉

> 💡税理士によるサポート
>
> 　小規模な会社では，勘定科目一覧表を自社で作成する余裕がないところが少なくないと想定されます。そのような場合は，税理士が簡単な一覧表を作成してサポートするというのも1つの方法です。
>
> 　クライアントによっては，「○○の取引はどの勘定科目を使ったらよいでしょうか？」という質問が頻繁にくることもあります。特に，経理経験のない人が経理担当になった場合はこの傾向が強くなります。
>
> 　しかしながら，使用する勘定科目について，クライアントと税理士が認識を共有しておけば，このような質問も少なくなり，税務処理や税務申告が効率的になります。
>
> 　一方，新規の取引に関する勘定科目の設定については，事前に税理士に相談するように伝えておくとよいでしょう。

　かつての話になりますが，私の経験では，ある非営利法人でこのようなことがありました。記帳代行と税務を担当していたのは，地元の会計事務所の職員でしたが，断りなく自分で勘定科目を変えてしまったため，ある期末決算で前期と当期の試算表を比較すると，それまで使用されていなかった新しい勘定科目が出てきたり，各科目の数値や対売上比率が大幅に変わっていたりしていました。

　このように，会社の経理担当部署においても経理担当者が自分の独断で勘定科目を変えてしまうことはありえます。特に，経理担当者が代わった事業年度は要注意です。

19

② 新たな勘定設定は社内決裁をとる

しかしながら，例えば特別利益や特別損失などでは，臨時の取引が計上対象となるので，新規の勘定科目を作らざるを得ないケースも出てきます。

そのような場合は，経理担当者が独断で勘定科目を設定するのではなく，社内決裁をとるようにするとよいでしょう。

(4) 税理士が発見した場合の対応

もし，新しい勘定科目を使用していることを発見した場合，次のいずれであるのかを明らかにする必要があります。

❶ 経理担当者が独断で使用したのか

❷ 新しい種類の取引が出てきたのか

❸ 不正な仕訳が計上されたのか

方法としては，経理担当者に質問することから始めるとよいでしょう。上記(3)①で紹介した私の経験談のように，担当者に質問すれば，通常は❶か❷のどちらかの回答が返ってきます。

しかし，❸の場合は，当然のことながら担当者は正しい回答をしない可能性が高く，新しい取引があったという❷の回答をしてくると想定されます。このような場合，何か不穏なものを感じたときは，証憑類を閲覧する，通帳を閲覧して実際の資金の流れを確認するといった方法で，取引の実在性を確かめる必要があります。

また，❸の場合は，役員など，経理担当者以外の人が密かに仕訳を入力した可能性もあります。会計ソフトの入力記録から入力者を調べることが可能です。経理担当者が気づいていないような仕訳も，取引内容を明らかにする必要があります。

第Ⅰ章　経理の異常

4　期末にふさわしくない

　期末付近においては，減価償却費，棚卸資産の計上による売上原価の計算といった決算整理仕訳のほか，売掛金・未収金・買掛金・未払金といった債権債務の計上が行われます。しかしながら，期末に突然，売上の借方計上，多額の費用計上，業務にそぐわない取引に関する仕訳があった場合は，税務上，売上の除外，架空費用の計上といった不正な仕訳である可能性もあります。

　もし，売上の除外や架空費用の計上であれば，法人税，消費税の修正が必要となり，重加算税が課される可能性も高くなります。

(1)　異常点の表れ方

☐　借方に売上勘定が計上されている
☐　多額の費用が計上されている
☐　会社の事業にそぐわない取引がある
☐　見たことがない新規取引先との取引に関する費用が計上されている

(2)　異常点の見つけ方

　異常点の見つけ方としては，決算整理を含む期末日付近の仕訳を見ることが有効です。具体的な方法としては，会計ソフトでは仕訳日記帳を出力することができるので，仕訳日記帳で仕訳を見ていくとわかりやすいと思います。

　期末日から3〜5営業日前までの仕訳を閲覧し，上記(1)のような異常点の有無をチェックしていくとよいでしょう。

　また，月次推移表で決算月の数値で大きく増加している科目の有無をチェックすることも有効です。

21

(3) クライアントによる事前対策

　売上の除外，架空費用の計上を行うことは論外です。ただ，これらは意図的に経営者自身が行ったり，会社ぐるみで行ったりした場合，事前対策を設けていても，それがスルーされてしまい効果がないものとなってしまいます。

　したがって，以下では，意図的な税務上の不正ではない，会計処理の誤りを防止するための事前対策を説明します。

①　決算整理仕訳を設ける

　期末日に計上される債権債務の仕訳と減価償却費や売上原価計算の仕訳が混在すると，どさくさに紛れるように税務上不適切な仕訳が切られるおそれがあります。そこで，減価償却費など決算整理仕訳とすべき仕訳とそれ以外の日常の仕訳を区分するとよいでしょう。

　また，決算整理仕訳を設けないと，決算月の月次決算の中に決算整理仕訳も混在してしまうので，月次の収益，費用，損益が他の月と比較しにくくなってしまいます。この点，決算月の日常取引の仕訳と決算整理仕訳を別にすれば，決算月の月次決算も他の月と比較可能なものとなり，異常点の有無も把握しやすくなります。

②　売上戻り，売上値引勘定を使用する

　売上の借方計上は返品や値引の際に行われることがありますが，期末付近で売上勘定を使用して借方計上すると売上除外をしたと疑われかねません。そのため，売上戻り勘定や売上値引勘定を使用して，区別しておく方法が考えられます（売上返品に対する事前対策は，第Ⅱ章⑪**2**参照）。

③　役務の提供期間を確認する

　期末日付近の取引については，役務の提供が翌事業年度以後も行われる場合は，すべて費用に計上するのではなく，翌事業年度以後分は前払費用として計上する必要があります。そこで，契約書を確認し，契約期間を把握すると同時に，摘要欄には役務の提供期間を記載するという方法が考えられます（前払費用に対する事前対策は，第Ⅱ章⑥参照）。

④　新規事業，新規取引に関する事前決議等をチェックする

　新規事業を開始する場合，それまでに取締役会で新規事業を行うことを決議し，議事録に決議内容を記載しておきましょう。このとき，定款の事業目的の範囲内であることを確認しておきましょう。

　また，新規取引先との契約については，社内決裁をとることになります。取引の内容によっては取締役会で決議する場合もあります。

　営業担当者は，請求書等の証憑に加えて，これらに関する取締役会議事録，稟議書，契約書など必要書類を添付して経理担当部署に提出するようにします。そして，経理担当部署は，これらの添付書類をチェックし，新規事業や新規取引が取締役会や社内で承認を得られたものであるかどうかを確認して会計処理をします。もし，これらの添付書類がない場合は，営業担当者に提出を求めましょう。

〈小規模会社での対策〉

小規模な会社でも取締役会を

　小規模な会社では，取締役会が開催されないことが珍しくありません。

　このような会社では，代表取締役である社長が独断で新規事業や新規取引を決めてしまうことがあります。会社法では，代表取締役は業務執行権限があるので，会社法362条4項各号に定める取締役会の専決事項でなければ，代表取締役が決めても，法令上の問題はありません。しかし，代表取締役や業務執行取締役は，3か月に1回以上，自己の職務の執行の状況を取締役会に報告しなければならないとされています（会社法363条2項）。そのため，簡素な形でもよいので取締役会を開催し，少なくとも3か月に1回は他の取締役に新規事業の開始や新規取引について報告するようにしてもらいましょう。

---

(4)　税理士が発見した場合の対応

　税理士がこれらの仕訳を発見した場合，次の対応をとるとよいでしょう。

① 借方の売上の有無をチェックする

　売上の返品や売上値引の場合は，売上返品申請書や売上値引申請書といっ
た社内書類を閲覧して，その実在性を確認します。期末付近で多額の計上が
ある場合は，売上除外が行われていないかどうかを確認しましょう（売上返
品の詳細は，第Ⅱ章[11] *2* 参照）。

　もし，売上の除外だった場合は，売上の計上漏れとなりますので，仕訳を
修正することを要請します。

② 多額の費用の有無をチェックする

　期末付近で多額の費用が計上されている場合は，前払費用に計上する部分
がないかどうか，契約書などを閲覧して役務の提供期間を確認します。もち
ろん，契約書と合わせて稟議書なども閲覧して取引の実在性を確認し，架空
費用でないことも確かめましょう。

　もし，前払費用に該当するものがあれば，会計上，その部分を前払費用と
して計上します。消費税については，対価性がないため，仮払消費税も取消
しとなります。

③ 新規事業，新規取引の有無をチェックする

　取締役会議事録，稟議書を閲覧して，新規事業や新規取引が社内で承認を
得られたものであるかどうかを確認しましょう。また，上記②のように，契
約書の閲覧や前払費用の計上の要否も検討しておきましょう。

第Ⅰ章 経理の異常

② 証憑類の異常

1 請求書が簡素

　架空費用の計上を行う場合，通常，請求書を自社で偽造します。クライアントが保存している請求書が，一般的な請求書と比べて簡素な場合は，その請求書に関する費用は架空費用の可能性があるので注意しましょう。

　架空費用である場合，法人税法上，損金とは認められませんので，その金額は否認されます。また，消費税についても，対価性がなく課税仕入れとは認められませんので，消費税の額も修正となります。さらに，延滞税や過少申告加算税も発生し，重加算税が課される可能性もあります。

(1) 異常点の表れ方

□　請求書が明らかにExcelやWordで作成されたとわかる簡素なものである
□　請求書に角印が押されていない
□　請求書に管理番号が記載されていない
□　手書きの領収書の筆跡が会社経営者の筆跡と似ている

(2) 異常点の見つけ方

① 請求書の場合

　見つけ方としては，すべての請求書等を閲覧することは合理的ではないので，例えば，取引金額の大きいもの，新規の取引先，期末付近で出てきた取引金額の大きいものに絞って閲覧するとよいでしょう。

　まず，チェックすべき点として，請求書の様式が挙げられます。請求書が

25

印刷会社で印刷された「会社のロゴ」が入っているような専用用紙で作成されたものか，それともExcelやWordで作成されたものかを判定します。これには，絶対的な判断基準はなく，「見た感じ」での判断となりますが，明らかに簡素な請求書，特に粗雑な請求書である場合は注意したほうがよいでしょう。

　また，会社が発行する請求書には，通常角印を押印します。角印の押印がないということは通常の取引ではありえないので，角印の有無もチェックしておきましょう。

　管理番号の有無も判断基準となります。通常の会社であれば，請求書等は連番管理します。管理番号がない場合は，注意するとよいでしょう。

　以上は，紙の請求書等を想定していますが，電子の場合も同様です。

　かつての経験談となりますが，架空売上と架空仕入の疑いがある会社がありました。その際，架空仕入の疑いがある請求書を提示してもらいましたが，その請求書は明らかにExcelで作成されているものでした。それどころか，驚くことに，請求書に記載された取引先の会社名が誤っていました。請求書を作成するにあたって取引先が自分の会社名を誤ることはありえません。おそらく，その請求書は社長が自作したものだったと思われます。

②　領収書の場合

　次に，領収書が手書きのものである場合，筆跡に着目するという方法があります。領収書の筆跡が，例えばクライアントの社長の筆跡とよく似ている場合は，偽造された可能性があるので，十分注意しましょう。

　また，会社なのに，領収書が市販のものである場合や連番管理されていない場合は，かなり問題です。

　これもかつての話になりますが，取引先2社（A社とB社とします）から発行された手書きの，しかも市販の「領収書」を閲覧していたところ，両社の筆跡が似ていることに気づいたことがありました。怪しいと思い，領収書に押印された丸印を閲覧したところ，領収書の中にA社の丸印を押印すべきところ，B社の丸印が押印されたものを見つけました。クライアントの担当

者を問いただすと，自分で領収書を作成したことを認めたのでした。

　このように，世の中では証憑類の偽造が本当に行われることがあります。税理士は，納税義務の適正な実現を図ることを使命としています（税理士法1条）。架空費用の計上などの不正が行われないよう，税務においても十分注意しましょう。

(3)　クライアントによる事前対策

　会社ぐるみで不正が行われた場合は論外ですが，事前対策としては，経理担当者は，会社に送られてきた請求書については，正規のものであるかどうかをチェックすることが重要です。具体的には，角印や取引先の担当者の押印の有無，担当者名の記載，管理番号を確認することが求められます。

　また，第Ⅱ章でも説明しますが，契約書，注文書，納品書，検品書控えといった他の証憑との整合性も確認することが求められます。

(4)　税理士が発見した場合の対応

　偽造の疑いがある請求書等を発見したら，社長や担当者に質問し真偽を問いただすことになります。しかし，偽造の場合，社長や担当者は正しいことはまず話しません。社長や担当者の説明を鵜呑みにしないことが大事です。

　また，上記(3)のように，契約書，注文書などといった他の証憑を提示してもらうことも重要です。

　もし，証憑の偽造が明らかになった場合は，その取引は架空取引ですから，その架空取引に関する仕訳を取り消してもらうことを要請します。要請に応じない場合は，税理士がクライアントに欺かれたわけですから，顧問契約の解除を検討することも必要でしょう。

　この点は，これまでにも説明したように，証憑の偽造が明らかになった時点で契約を解除するという事務所もあると思います。どのように対応するかは，事務所の方針として定めておくとよいでしょう。また，あらかじめ，その旨を業務契約書に記載しておくことも有効な手段であるといえます。

27

2 インボイスが不適法

　世の中のインボイスには，要件を満たしていないものも見受けられます。

　記載事項に誤りのあるインボイスの対処法については，国税庁によると，買手が自ら修正を加えても，その修正した事項について売手に確認を受ければ，仕入税額控除の適用を受けることとして差し支えないとされました。いきなりクレームを入れないよう，冷静に対応しましょう。

(1) 異常点の表れ方

□ インボイス登録番号の記載がない
□ 課税資産の譲渡等の税抜価額又は税込価額を税率ごとに区分して合計した金額及び適用税率の記載がない
□ 税率ごとに区分した消費税額等の記載がない
□ 簡易インボイスで10％と８％の欄があり，どちらの税率を適用したのかがわからない

---

(2) 異常点の見つけ方

　インボイスの異常点の見つけ方は，従来の区分記載請求書等保存方式における請求書等の記載事項から追加された事項を中心に見ていくとよいでしょう。追加された事項は次の３点です。

❶ インボイス登録番号
❷ 課税資産の譲渡等の税抜価額又は税込価額を税率ごとに区分して合計した金額及び適用税率
❸ 税率ごとに区分した消費税額等

第Ⅰ章　経理の異常

　私の経験では，❸税率ごとに区分した消費税額等の記載がないものがよく見受けられました。中には，インボイス登録番号の記載もない，従来の区分記載請求書を発行している会社もありました。

　簡易インボイスについては，消費税額等又は適用税率のどちらか一方の記載でよいので，この項目をチェックするとよいでしょう。私が見たものでは，有名飲食店でも，10％と8％の欄の両方の印刷があり，金額の記載もないので，どちらの税率を適用したのかが不明というインボイスもありました。

(3)　クライアントによる事前対策

①　新規取引先にはインボイスの見本を提示する

　新しく取引を行う会社には，契約時にインボイスの見本を提示して，念押ししておくという方法が考えられます。

　世の中には，顧問税理士がいない小規模な会社や個人事業者もあります。このような会社等では，インボイスに関する情報が行き届いておらず，インボイスのことをよく知らないというところもあると思います。それどころか，顧問税理士がいる会社でも，事務所の担当者がインボイスのことを全く伝えていないということも実際にありました。

　インボイスに必要な記載事項は必ずしも浸透しているとは限らないので，特に取引先が小規模な会社や個人事業者の場合は注意するとよいでしょう。

②　インボイスの修正方法を知っておく

　記載誤りのあるインボイスについては，今後も交付される可能性があるという前提で，その修正方法を知っておくとよいでしょう。

　当初，国税庁の「消費税の仕入税額控除制度における適格請求書等保存方式に関するQ&A」（以下「インボイスQ&A」といいます）では，買手が自ら追記や修正を行うことはできないとされていましたが，令和6年4月に改訂されたインボイスQ&A問92（交付を受けた適格請求書に誤りがあった場合の対応）では，記載誤りのあるインボイスの交付を受けた場合，買手が自ら修正を加えても，その修正した事項について売手に確認を受ければ，仕入税額控除の

29

適用を受けることとして差し支えないとされました。

このインボイスQ&Aに基づくと，記載誤りのあるインボイスの交付を受けた場合の手続は，次の手順が考えられます。

❶ 誤りのある事項について，経理担当部署内で修正の承認を得る

❷ 経理担当部署で加筆修正する（通常，万年筆やボールペンで記載）

❸ 売手に連絡して，記載事項について誤りがあったことと修正したことを伝え，確認の回答を得る

❹ 売手から確認を得たことを上長に報告し，記録する

③ 他の部署にもインボイスのことを知ってもらう

インボイスは，経理担当部署だけでなく，社内研修などで他の部署にもその記載要件を知ってもらいましょう。

上記②の対応は，B to Bの場合は可能ですが，飲食店などB to Cの場合は難しいと思います。手書きの領収書による簡易インボイスで，例えば適用税率について10％と８％の両方の記載があり，どちらなのか不明といった場合に，「店で飲食したから８％を消して10％にしておきます」と飲食店に連絡しても，「え？　何のこと？　確認しろと言われてもねぇ」と言われる可能性もあるでしょう。

飲食店を利用した場合などで記載誤りがあったときは，その場で簡易インボイスを修正してもらうほうがよいでしょう。そのためには，営業部など他部署の人にもインボイスの記載要件を知ってもらう必要があります。

会社によっては，簡易インボイスの記載誤りがあったため，営業担当者に領収書を取り直しに行ってもらったというところもありますが，このようになるととんだ二度手間になってしまいます。業務の効率化を図るためにも，会社全体でインボイス対策に取り組みましょう。

⑷ 税理士が発見した場合の対応

税理士が，記載誤りがあるインボイスを発見した場合，その旨を経理担当

第Ⅰ章　経理の異常

【参考】

《インボイスの記載例》

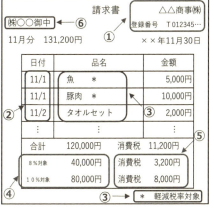

① 適格請求書発行事業者の氏名又は名称及び登録番号
② 取引年月日
③ 取引内容（軽減税率の対象品目である旨）
④ 税率ごとに区分して合計した対価の額（税抜き又は税込み）及び適用税率
⑤ 税率ごとに区分した消費税額等※
⑥ 書類の交付を受ける事業者の氏名又は名称

（出所）　国税庁「適格請求書等保存方式の概要―インボイス制度の理解のために―」5頁

《手書きの簡易インボイスの記載例》

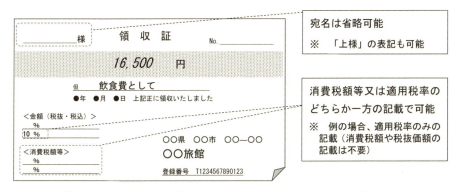

（出所）　国税庁「インボイスQ&A」問58-2（手書きの領収書による適格簡易請求書の交付）

者に伝えると同時に，上記(3)②のインボイスの修正方法を伝えましょう。

　前述したように，買手によるインボイスの修正については，改訂前のインボイスQ&Aでの取扱いと比べて，柔軟な対応が認められるようになっています。国税庁の「多く寄せられるご質問」も確認して，最新の情報をアップデートしておきましょう。

31

3 インボイス登録番号の入力誤り

　インボイス制度においては，インボイスを交付できるのは，登録を受けたインボイス発行事業者に限られます。そのため，インボイス制度の下では，交付を受けたインボイスの適正性の確認が求められます。

　インボイス登録を受けていない事業者から交付を受けた請求書に基づいて仕入税額控除を行い，もし税務調査で発覚した場合には，消費税の修正申告となる可能性があります。

(1)　異常点の表れ方

> □　取引先がインボイス発行事業者の登録を受けていないにもかかわらず，課税仕入取引につき全額を仕入税額控除している
> □　取引先のインボイス登録番号を確認しないで，課税仕入取引につき全額を仕入税額控除している
> □　取引先がインボイス登録を取りやめたにもかかわらず，それに気づかず課税仕入取引につき全額を仕入税額控除している

(2)　異常点の見つけ方

　税理士側でクライアントのインボイスをすべてチェックすることは現実的ではありません。

　基本は，後記(3)のように，クライアント側でチェック体制を確立することです。その上で，税理士がインボイスの異常点を発見する方法としては，会計ソフトの設定が適切に行われているかどうかを確認することが有効です。

　クラウド会計では，国税庁の「適格請求書発行事業者公表システムWeb-API機能」を利用して，インボイス登録番号が正しい番号であるかどうかを自動判定できる機能が付いているものが見られます。さらに，振替伝票にイ

ンボイス登録済の取引先を入力すれば，自動的に全額控除となる機能も見られます。

　一方，インストール型の会計ソフトだと，Web-API機能を使えないこともあります（インストール型でもクラウド機能を取り入れたハイブリッド型もあります）。

　どちらの場合であっても，注意点は，クライアントがこの機能の設定を誤ると，インボイス未登録の免税事業者との取引であっても，気づかずに課税仕入れについて仕入税額を全額控除の対象としてしまうリスクがあることです。税理士としては，会計ソフトの設定が適切に行われているかどうかを確かめましょう。

　もし，設定が不適切であった場合は，インボイス未登録事業者との取引を検索してピックアップし，仕入税額控除が適切に行われているかどうかをチェックするとよいでしょう。

(3) クライアントによる事前対策

① 受領したインボイスに基づいて入力する

　インボイス登録番号は，自分で法人番号を調べて入力するよりも，実際に受領したインボイスや取引先からの通知書に記載されたインボイス登録番号を入力するほうがよいでしょう。

　なぜかというと，自分で法人番号を調べた場合，全国には類似した商号が多いため，事前に「この会社だな」と思って入力したら，実は違っていたというリスクがあるためです。

　例えば，国税庁の「法人番号公表サイト」で「中央経済社」を検索すると，次の2社が出てきます。

法人番号	商号又は名称	所在地
2010001171523	株式会社中央経済社	東京都千代田区神田神保町1丁目35番地
1010001022710	株式会社中央経済社ホールディングス	東京都千代田区神田神保町1丁目35番地

一方で，「株式会社中央経済グループパブリッシング」という会社もあります。

法人番号	商号又は名称	所在地
4010001171521	株式会社中央経済グループパブリッシング	東京都千代田区神田神保町 1 丁目35番地

　この3社は，すべてインボイス登録をしています。そのため，どの法人番号を入力しても，Web-API機能を使うと「インボイス登録事業者」として表示され，会計入力できてしまうのです。

　しかしながら，この3社は同じ住所にあるものの，法人としては別会社です。例えば，「株式会社中央経済グループパブリッシング」と取引があるにもかかわらず，確認しないで「株式会社中央経済社」で入力してしまうと，取引相手を誤った状態で課税仕入れの会計入力をしてしまうということになります。

　インボイス制度開始時には，事前に取引先のインボイス登録番号を会計ソフトに入力した会社が多いと思いますが，グループ内の他の会社と誤っていないか，改めて確認するとよいでしょう。

② 　フランチャイズ店には注意する

　注意すべきものの1つは，コンビニエンスストアのようなフランチャイズ展開している店です。フランチャイズ店では，媒介者交付特例（消費税法施行令70条の12）により，フランチャイズ店を運営している会社や個人事業者がインボイスを発行することが可能です。この場合，同じブランドの店でもインボイス登録番号が異なります。

　例えば，大手コンビニエンスストアの場合，その店のオーナーである会社や個人事業者のインボイスが発行されます。すなわち，ブランドは同じでも，店によってインボイス登録番号が異なるのです。実際に，国税庁の「適格請求書発行事業者公表サイト」で調べてみるとわかりますが，レシートに記載されたインボイス登録番号を入力すると，コンビニエンスストアのブランド

名とは全く異なる会社や個人事業者が表示されます。

　また，店によってはインボイス登録をしていないところもあります。事業を始めたばかりの法人であれば，設立1期目と2期目は原則として納税義務が免除されることになりますし，コンビニエンスストアでの購入者は，事業者ではない個人が圧倒的に多いのが一般的です。そのため，設立1期目と2期目は免税事業者のほうが得になるので，大手コンビニエンスストアであっても，店によってはインボイス登録をしていないところもあるのです。

　このような状況の中，大手コンビニエンスストアの「本社」のインボイス登録番号を国税庁の「法人番号公表サイト」で調べて，その番号で登録してしまうと，実際のインボイスとは異なるインボイス登録番号で会計処理してしまうことになりますので注意しましょう。

③　インボイス登録番号の入力手順を確立する

　このような，入力ミスを防止するためには，会計ソフトにインボイス登録番号を入力するときの手順を確立するとよいでしょう。

　具体的には，❶誰が入力するか，❷誰が確認するか，❸上長が確認結果をチェックしているか，❹確認結果を記録しているか，といった点がポイントとなります。

　1人で入力を行うとミスが発生する可能性があるため，複数人でチェックする体制とすることが重要です。

④　インボイス登録番号の事後確認を行う

　取引先がインボイス登録をしたものの，今後，登録を取り消すというケースも想定されます。したがって，インボイス初年度以後も，各事業年度において，取引先がインボイス登録を継続しているかどうかを確認する必要があります。もし，取引先がインボイス登録を取り消した場合，全額を仕入税額控除できなくなるので注意しましょう。

　Web-API機能を用いている場合は，多くの会計ソフトでは一括チェックができると思いますので，その機能を利用するとよいでしょう。

　一方，Web-API機能を使用していない場合は，国税庁の「適格請求書発行

事業者公表サイト」でチェックすることになりますが、もちろん、取引の都度確認する必要はなく、例えば、小規模な取引先の場合は年1回確認するといったように、経理担当部署に負担がかからない工夫も大事です。

【インボイスの確認の仕方】

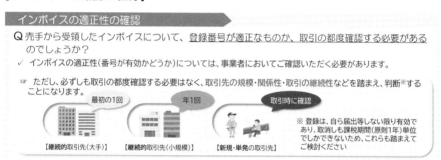

(出所) 国税庁「インボイス制度開始後において特にご留意いただきたい事項」2頁

〈小規模会社での対策〉

> 💡**購入先は少数に絞る**
>
> 　小規模な会社では、社長や従業員が消耗品などを、近所や出かけた先のスーパーやコンビニエンスストアなどで立替払いにより購入するケースが見られます。
>
> 　しかし、急を要する場合はともかく、これを続けていくと、インボイスの確認や入力をその都度行わなくてはならず、さらには、その数が膨大になる可能性もあります。
>
> 　そこで、小規模な会社でも、消耗品などは、例えば、オフィス用品通販サービスから購入するようにするとよいのではないでしょうか。このようにして、購入先の数を絞れば、購入の都度、インボイスのチェックを行うことはなくなり、経理担当者の負担は減ることが期待されます。

⑷　税理士が発見した場合の対応

　インボイス登録番号の入力ミスを税理士が発見した場合は，すぐに，経理担当者にその旨を伝えて，設定を修正します。

　また，過去に計上した仕訳も見直しましょう。特に，それまでに計上したインボイス未登録の取引先との課税仕入れについて，全額控除となっていないかを調べます。

　特に，インボイス登録初年度は誤りやすいので注意しましょう。1度，設定を修正すれば，その後のミスは少なくなります。

　さらに，会計ソフトの設定や登録手順について，クライアントの社内で手続が定められているかを確認します。手順が定められていない場合は，上記⑶③のようにアドバイスしましょう。

　小規模な会社では，人員に限りがあるため，経理作業を1人で行い，その後誰もチェックしていない，あるいは上長の承認印があっても形だけとなりがちです。そのような会社では，税理士が簡単な手順書やフローチャートを作成して，内部のチェック体制を確立できるようサポートするとよいでしょう。

4 振替伝票の廃棄・上書き修正

　税務上の不正が行われる場合，取引を隠すため一部の振替伝票を廃棄したり，上書き修正をしたりすることが想定されます。上書き修正とは，振替伝票の勘定科目や数値に修正事項があった場合，訂正伝票を作成せずに，元の振替伝票を直接修正する行為です。

　振替伝票の廃棄や上書き修正は，税務上，帳簿書類の隠匿と疑われ，重加算税の対象となってしまう可能性もあるので注意しましょう。

(1)　異常点の表れ方

> ①　廃棄の場合
> □　振替伝票の番号が連番ではなく，一部の番号が抜けている
> ②　上書き修正の場合
> □　月次試算表を月単位で作成している場合，前の月の期末残高の額と当月の期首残高の額が不一致となる
> □　振替伝票の計上日と作成日が大きくズレている

(2)　異常点の見つけ方

①　廃棄の場合

　振替伝票を会計ソフトで作成した場合，伝票番号が記録されます。通常，この伝票番号は連番となりますので，振替伝票の廃棄については，伝票番号のうち，欠落しているものを探すことになります。

　もし，番号が欠落していれば，その欠落番号の振替伝票は廃棄されたと判断できます。

　なお，欠落番号を目視で探そうとするとかなりの負担がかかってしまいます。そこで，効率的な方法として，表計算のピボットテーブルと関数を使っ

て探す方法があります。後述の**参考**に例を掲載しましたのでご覧ください（「訂正削除履歴」機能がある会計ソフトであれば，その履歴で確認できます）。

② **上書き修正～「訂正削除履歴」が残らない場合**

振替伝票を「訂正削除履歴」が残らない会計ソフトで作成している場合や，表計算ソフトあるいは紙で作成している場合は，上書き修正を見つけることは難しいですが，次の方法で見つけることが可能です。

❶ 月単位で作成された月次試算表の場合

前の月の期末残高の額と当月の期首残高の額を比較します。例えば，×年9月の月次試算表の期末残高（×年9月末時点の残高）は，×年10月の期首残高（×年10月期首時点の残高）と一致するはずですが，もし，数字が一致しない場合，×年9月までのどこかの振替伝票が上書き修正された可能性が高いといえます。

❷ 期首からの通算で作成された月次試算表の場合

表計算ソフトで出力した仕訳日記帳からピボットテーブルで借方と貸方の合計を算出して，それを期首残高に加減算し，前月の月次試算表の期末残高と比較するという方法があります。

❸ 振替伝票の計上日と作成日をチェックする

会計ソフトで，振替伝票の計上日と作成日が大きくズレているものがあれば，その振替伝票は上書き修正された可能性があります。

③ **上書き修正～「訂正削除履歴」が残る場合**

近年，電子帳簿保存法の「優良な電子帳簿」の要件を満たすために，記録事項の訂正・削除を行った場合，訂正削除履歴が残る機能が付いている会計ソフトが増えています（電子帳簿保存法施行規則5条5項1号イ(1)）。

このような会計ソフトで訂正削除履歴機能を使用すれば，過去の操作履歴を見ることができるので，上書き修正を発見することが可能となります。

国税庁が「優良な電子帳簿」として，訂正削除履歴機能があることを要件としたのは，このような上書き修正による税務の不正を防止するためではないかと推測されます。適正な会計・税務を行うためには，上書き修正は行っ

てはならないのです。

(3) クライアントによる事前対策

① 廃　棄
　振替伝票の連番管理の厳守を徹底する必要があります。

　振替伝票の廃棄は，次の2ケースが想定されます。

❶　取引を隠すために意図的に廃棄した（売上除外など）

❷　振替伝票を作成中だったものの仕損じたため廃棄した

　おそらく，実務では❷のケースが多いと思います。しかしながら，これを許容してしまうと，❶のような悪質な廃棄が混在してもわからなくなってしまいます。❶の伝票廃棄を防止するためにも，連番管理を徹底する必要があります。

② 上書き修正
　上書き修正は厳禁とする必要があります。上書き修正が簡単に行われるような環境になると，不正を軽視する組織文化が醸成されてしまうおそれがあるからです。

　対策としては，会計ソフトの多くは，特定の日付以前の仕訳入力を制限するロック機能が付いていますので，このロック機能を使用して，月次決算が締まったら，締切後は遡って修正をさせないようにするという方法が有効です。そして，もし，仕訳の誤りを修正する場合は，修正仕訳を作成して入力するというルールを設けます。

(4) 税理士が発見した場合の対応

　振替伝票の廃棄や上書き修正を発見した場合は，まずクライアントの担当者に質問して理由を明らかにした上で，今後は振替伝票の廃棄や上書き修正は厳禁とすることをお伝えしましょう。

　具体的には，手続書に反映する方法が有効です。内容としては，上記(3)のとおり，振替伝票の連番管理を徹底し，仕訳の誤りがあった場合は，修正仕

第Ⅰ章　経理の異常

訳を行った振替伝票を作成すること，会計ソフトのロック機能を有効にすることを反映するとよいでしょう。

　手続書は会社の経理担当者が作成するのがよいですが，作成方法がわからないという場合は，税理士が，簡単なものでもよいので，仕訳の修正方法を文書化するとよいでしょう。

　「優良な電子帳簿」の要件を満たすために，訂正削除履歴機能をオンにしている場合でも同様です。これは，振替伝票の廃棄や上書き修正をした場合でも履歴が残るので，後から見ても発見できるものですが，振替伝票の廃棄や上書き修正を行ってもよいというものではないからです。

【参考】関数を使った欠落番号の探し方
（税理士が仕訳データを入手して会計のチェックを行っている場合や会計ソフトに「訂正削除履歴」機能がない場合の方法例です）

	A	B	C
	伝票番号	連　番	連番チェック
1			
2	1	1	1
3	2	2	2
4	3	3	3
5	4	4	4
6	5	5	5
7	6	6	6
8	8	7	#N/A
9	9	8	8
10	10	9	9
11		10	10

　ここでは，ピボットテーブルで伝票番号を選び出し，それを別シートに貼り付けた段階をイメージしてください。この表では，伝票番号が連番で並んでいますが，7番が欠落しています。これを，関数を使って探し出してみます。探し方は次のとおりです。

41

① B列にあるべき「連番」を表示します。ここではROW関数を使います。B2のセルに「＝ROW()－ROW($B$2)＋1」という計算式を入れます。これを下のセルに反映していけば，自動的に連番が並びます。ここでは，伝票番号の最終番号が「10」なので，「10」まで連番を作ります。

② C2のセルにXLOOKUP関数を使った計算式を作ります。ここでは「＝XLOOKUP(B2,$A$2:$A$11,$B$2:$B$11)」という計算式を作ります。これは，B列にある連番を検索値として，A列にある番号の有無を調べる計算式となります。なお，XLOOKUPはExcelのバージョンが2019以前だと装備されていません。自分が使用しているExcelでXLOOKUPが使えない場合は，INDEX関数とMATCH関数を組み合わせた計算式を作ります。ここでは「＝INDEX($A$2:$A$10,MATCH(B2,$A$2:$A$10,0),1)」という計算式を作ります。

③ A列に番号があれば，C列にもその番号が反映されます。しかしながら，「7」については「#N/A」となりました。これは「7」がA列に存在しないことを示しています。

　このように関数を使用すれば，効率的に欠落番号を探すことができます。

第Ⅰ章 経理の異常

5 契約書がない・古い

　企業によっては，契約書が作成されていない，あるいは作成されていても契約書が長期間更新されていない，さらには行方不明となっているというケースがあります。契約内容や期間が不明確となると，法人税において問題が出てきます。また，令和5年10月からインボイス制度が導入されましたが，請求書・領収書が交付されない取引における対応ができていないと消費税の問題も出てきます。

(1) 異常点の表れ方

□ 契約書を作成していない
□ 契約書が長期間更新されていない
□ 請求書・領収書を交付しないにもかかわらず，インボイスに対応した様式となっていない

(2) 異常点の見つけ方

① 契約書管理台帳を閲覧する

　まず，契約書管理台帳が作成されているかどうかを確認してみましょう。この管理台帳が作成されていない場合は，契約を管理できていないということになります。このような会社では，契約書の不作成，長期間の未更新といった不備がある可能性があります。

　契約書が作成されていないと，例えば，修繕工事契約の場合，修繕工事内容，契約締結日，契約期間，金額などが客観的にわかりません。また，前払金にすべきところを費用で計上する，金額を水増しして過大計上するといったリスクも高くなってしまいます。

　一方，契約書管理台帳を作成している場合には，特に有効期限や最終更新

43

日を確認するとよいでしょう。有効期限については，スポット契約であれば問題はありませんが，有効期限切れのまま取引を継続している可能性もあります。最終更新日については，どのあたりを許容期間とするかは会社の方針によりますが，例えば10年以上更新されていないとなると，現在の会社内部・外部の経営環境，社会状況を反映していない可能性が高くなるのではないでしょうか。

「自動更新条項があれば問題はないのではないか」と思われるかもしれませんが，その場合でも同様です。例えば，昭和40年代に作成された契約書が自動更新を継続し，令和の時代までそのままとなると，一般的に見て，現状を反映していないと思います。

また，継続して行う取引については，基本契約書を作成しているかどうかも確認しておきましょう。

②　契約書自体を閲覧する

契約書自体については，特に長期間更新されていない契約書について，自動更新となっている場合も含めて，内容をチェックしておくとよいでしょう。例えば，昭和時代に作成された契約書だと，反社会的勢力の排除条項が記載されていないものが多くなります。また，機密保持条項についてはデジタル面の反映も必要でしょう。

③　インボイス対応の有無を確認する

令和5年10月からインボイス制度が始まりました。契約書においてインボイス対応が必要なのは，請求書や領収書が交付されない場合です。

具体的には，従来の契約書の記載内容に加えて，金額欄に税抜価額又は税込価額を記載の上，適用税率とその税率に対応する消費税額等を記載します。そして，署名又は記名押印欄にインボイス登録番号を記載します。

例えば，税理士の業務契約書の場合，金額欄は次のような書き方となります。

第Ⅰ章　経理の異常

第○条　報酬及び経費負担

報酬は，乙が定める報酬規定に基づき次のとおりとする。

(1)　顧問報酬として月額…………円（うち消費税10%　…………円）

（日本税理士会連合会による業務契約書のひな型をもとに作成）

(3)　クライアントによる事前対策

①　原則として契約書を作成する

口頭での契約は行わず，契約書を作成して契約内容が客観的にわかるようにしておきましょう。契約書を作成することは，前述のとおり，水増し取引などの不正を防止するためにも役立ちます。

ときどき，工務店が地元に１店舗しかなく，しかも昔からの知り合いだからといった理由で契約書を作成していないといったケースが見受けられます。しかし，契約書がないとトラブルの元にもなりかねず，もし税務調査が入った場合も説明が難しくなります。必ず作成しましょう。

②　契約書管理台帳を作成する

契約書は管理台帳を作成して管理しましょう。最初の契約日，有効期限日，最終更新日を記録し，例えば，１年に１回といったように定期的に見直しましょう。自動更新となっている契約も，年数が経つと内容が現状と合わなくなってくるので必要に応じて見直しをしましょう。

③　インボイス対応をしているかを確認する

原則として，請求書や領収書が交付されない取引であっても，仕入税額控除を受けるためにはインボイスが必要です。しかしながら，契約書にインボイスの記載事項の一部が記載されていて，課税資産の譲渡等の年月日の事実を示した通帳を合わせて保存すれば，仕入税額控除の要件を満たすことになります（国税庁「インボイスQ&A」問95（口座振替・口座振込による家賃の支払））。

そのためには，基本的には，契約書を改訂して，インボイスの記載事項を記載するのがよいでしょう。請求書や領収書を交付しない取引がある場合，

45

このインボイスへの対応を行っているかどうかも確認しておきましょう。

なお，令和5年9月30日以前からの契約については，「契約書に登録番号等の適格請求書として必要な事項の記載が不足している場合には，別途，登録番号等の記載が不足していた事項の通知を受け，契約書とともに保存していれば差し支えありません。」とされています（同問95の「参考」参照）。この場合は，不足分の記載事項が記載された書面を交付してもらいましょう。

(4) 税理士が発見した場合の対応

① 契約書を作成してもらう

未作成の契約書があれば，すぐに作成してもらうよう依頼しましょう。金額の大きい工事契約や外部委託などは，契約書がないと税務署への説明が難しくなります。また，このとき，契約書のひな型は会社側で準備し，現場担当者だけでなく，管理部門がリーガルチェックを行うように指導しましょう。そうしないと，場合によっては，会社に不利な契約が締結されている可能性もあるからです。

② 契約書管理台帳を作成してもらう

契約書管理台帳が作成されていない場合も，作成してもらうよう依頼することになりますが，会社側において作成方法がわからないときは，税理士側で見本を作成するとよいでしょう。このとき，契約書管理台帳はデジタルで作成するほうが管理しやすくなります。契約書管理システムもありますが，表計算ソフトによる作成でも十分です。可能であれば，PDF化した契約書とリンクさせておくと便利です。

③ インボイス対応をしてもらう

請求書や領収書を交付しない取引がある場合で，契約書がインボイス対応していない場合は，いったん，登録番号などインボイスの要件に必要な事項を記載した文書を取引先に交付する（してもらう）よう依頼します。その上で，翌事業年度以後も従来の契約書のままで続けるか，それとも，翌事業年度からは新しい契約書を作成するか，どちらにするかを確認しておきましょう。

第Ⅰ章　経理の異常

③　期ズレの異常

1　売上の相手勘定が現金預金

　掛取引を行っている場合，売上について期末に売掛金が計上されます。そのため，翌月支払の場合，事業年度の初めの月では売掛金の回収仕訳が計上されます。このときに現金預金を相手勘定とした売上が計上されている場合や，その月の取引先の売掛金残高がマイナスとなっている場合は，期ズレの可能性があります。売上の期ズレがあると，収益の過少計上となり，法人税や消費税の修正が必要となります。

(1)　異常点の表れ方

> □　売掛金の回収予定日が翌月の場合※に，事業年度の最初の月の売上高の中に相手勘定が現金預金となっているものがある
> 　（※売掛金の回収予定日が，翌々月あるいは３か月後の場合，事業年度の最初の月の翌々月，３か月後）
> □　一部の取引先に関する売掛金残高がマイナスとなっている

(2)　異常点の見つけ方

①　翌事業年度の総勘定元帳を閲覧する

　売掛金が翌月回収となっている場合，その事業年度の最初の月の売上高の総勘定元帳を閲覧するとよいでしょう。この月の中に，相手勘定が現金預金となっている売上がある場合は注意する必要があります。特に，売掛金の回収予定日付近に現金預金を相手勘定とした売上が計上されている場合は注意

47

するとよいでしょう。

　会社や業種によっては，売掛金の回収が翌々月あるいは3か月後という
ケースもあります。その場合も同様に，翌々月あるいは3か月後の売掛金回
収予定日付近をチェックするとよいでしょう。

　この点について，仕訳を使った設例で説明すると次のとおりです。

【設例】

❶　3月決算のA社は，取引先のB社に対するX1年3月分の売上100がある
ため，期末に売上を計上し，相手勘定として売掛金を計上した。

X1年3月31日（期末日）

（借方）売　掛　金	100	（貸方）売　　　　上	100

❷　入金予定日であるX1年4月25日にB社から売掛金相当額の100が入金さ
れた。

X1年4月25日

（借方）現 金 預 金	100	（貸方）売　掛　金	100

　以上が通常の取引と仕訳です。掛取引の場合，事業年度末には，その事業
年度に発生した売上に対する売掛金を計上する必要があります。

　しかしながら，もし，この取引について，X1年3月31日に売上を計上し
なかった場合，次のとおり，X1年4月25日に売上が計上されることになり
ます。

X1年3月31日（期末日）

仕訳なし

X1年4月25日

（借方）現 金 預 金	100	（貸方）売　　　　上	100

48

第Ⅰ章　経理の異常

そして，売上の総勘定元帳は，次のとおり，相手勘定が普通預金となる売上が計上されることになります。

【売上高の総勘定元帳】

日付	伝票番号	相手勘定	取引先名	摘　要	借　方	貸　方	残　高
4/25	……	普通預金	B社	○○商品 100個販売分		100	100
4/30	……	売掛金	C社	……		150	250
4/30	……	売掛金	D社	……		160	410
4/30	……	売掛金	E社	……		200	610

このX1年4月25日の仕訳は，本来であれば売掛金の回収の仕訳となるはずでした。しかしながら，期末日であるX1年3月31日に売上を計上しなかったため，X1年3月期の売上ではなく，翌事業年度であるX2年3月期の売上となってしまっています。すなわち，いわゆる期ズレが生じてしまっている状態です。

このように，掛取引を行っている場合，特に売掛金回収予定日付近に，現金預金を相手勘定とした売上が計上されている場合は，期ズレによる売上計上の可能性が高いといえます。もしそのような売上があれば，請求書の控えを閲覧し，どの事業年度のどの月に発生したものであるかを確認する必要があります。

② 売掛金の補助科目残高表を閲覧する

売掛金の補助科目残高表を閲覧し，取引先別に売掛金残高がマイナスとなっているものがないかどうかをチェックするのも有効な手段です。

前述の事例は，売掛金の入金があったときに相手勘定を売上とした会計処理をしていました。前事業年度において売上の計上漏れがあると，売掛金が計上されていませんから，もし，入金時の相手勘定が売掛金であった場合，残高がマイナスとなる可能性があります。

特に，現金主義で，期末だけ売掛金を計上することとしている場合は，ほ

ぼ間違いなく残高がマイナスとなります。仕訳を示すと，次のとおりです。

X1年3月31日（期末日）

仕訳なし

X1年4月25日

（借方）現 金 預 金	100	（貸方）売 掛 金	100

　この場合だと，4月のB社に対する売掛金残高は△100となってしまいます。特に，1回限りのスポット契約だと，本来0円となる残高が，毎事業年度，△100のまま続くことになります。

　このように，取引先別の売掛金残高に注目するという方法もあります。

(3)　クライアントによる事前対策

①　月次決算を発生主義で行う

　非上場の中小企業では，月次決算を現金主義で行っている会社が多く見られますが，月次決算も発生主義で行い，普段から発生した売上に対して売掛金を計上する習慣をつけておくことが考えられます。

　なお，「現金主義」と「発生主義」とは，次のような違いがあります。

【設例】

　X1年9月15日に販売した売上150に対する代金が同年10月25日に普通預金口座に振り込まれた（3月決算とする）。

●現金主義……現金預金の入出金時に収益や費用を計上する会計処理方法

X1年9月30日

仕訳なし

X1年10月25日

（借方）現 金 預 金	150	（貸方）売 上	150

50

●発生主義……収益や費用の発生事実に基づいて，収益や費用を計上する会
計処理方法

X1年9月30日

| (借方) 売　掛　金 | 150 | (貸方) 売　　　　上 | 150 |

X1年10月25日

| (借方) 現　金　預　金 | 150 | (貸方) 売　掛　金 | 150 |

以上が，現金主義と発生主義による売上計上の例です。このように，現金
主義の場合，期中においては売掛金が計上されません。そのため，期末時に
のみ売掛金を計上することになります。

しかしながら，現金主義の会社の場合，売掛金の計上が年1回となるため，
売掛金を計上する習慣がついていません。そのため，期末においてその計上
が不十分になりがちです。

したがって，月次決算の段階から発生主義会計として，売掛金の計上を常
に意識するとよいでしょう。

② 　請求書控えと総勘定元帳を突合する（月末締めの場合）

出荷基準で売上を計上している場合，売上の計上根拠となるのは請求書控
えです。請求書控えに記載されている売上金額が漏れなく集計される必要が
あります。

そのため，請求書控えと売上の総勘定元帳との突合により，決算月に請求
した額がすべて売上として計上されていることを確認するとよいでしょう。

③ 　出荷データ，検収データと総勘定元帳を突合する（月末締め以外の場合）

月末締めの場合は，請求書控えが売上と売掛金の計上根拠となりますが，
20日締めのように月末締め以外の場合には，締日翌日から月末までに発生し
た売上の計上が漏れるリスクがあります。

この場合は，出荷表（又は出荷データ）や検収書（又は検収データ）を使用
して，決算月において出荷あるいは検収した商品等が漏れなく売上として計

上されていることを，売上の総勘定元帳と突合するとよいでしょう。

④　請求書等は連番とする

　請求書は管理番号をつけて，必ず連番にする必要があります。連番にすることで計上漏れを防ぐことができます。納品書や検収書についても同様です。

〈小規模会社での対策〉

　💡**小規模な会社ほどデジタル化を**

　月次決算を現金主義から発生主義に変更することは，現金主義に慣れている会社にとっては簡単ではありません。したがって，例えば，最初は中間期に売掛金を計上する，あるいは四半期ごと（3か月ごと）に1度計上するという方法でもよいでしょう。

　この発生主義による方法は，売上に関しては，販売管理ソフトと会計ソフトを連動させて，仕訳を計上すると行いやすくなります。たしかに，販売管理ソフトを導入すると，お金はかかりますが，それ以上に業務の効率化につながり，売上の計上漏れの防止など税務上のミスも少なくすることができます。

　最初はソフトの使い方に慣れるのに時間がかかりますが，それを乗り越えれば，大きなメリットが得られるのです。

---

(4)　税理士が発見した場合の対応

①　すぐに修正をお願いする

　税理士が決算期に売上の期ズレを発見した場合，当然のことながら，クライアントに指示して，すぐに修正して当事業年度の売上として反映してもらう必要があります。

　クライアントの中には，「決算は締まってしまったので，もう修正はできませんよ」と拒むところもありますが，売上の計上漏れは，もし税務調査で発覚すると，税務上大きな問題に発展しかねないので，発見したら必ず修正してもらう必要があるのです。

そのためには，税理士が試算表をチェックする際，売上の期ズレの有無の
チェックを早いタイミングで行うとよいでしょう。そうすれば，もし売上の
期ズレを発見したとき，早い段階でクライアントに指摘できるので，決算の
修正も行いやすくなります。

② 期ズレの原因を特定し，会社全体で改善する

さらに，期ズレの原因をクライアントとともに明らかにする必要がありま
す。そして，その原因を改善します。そうしないと，期ズレが再発するおそ
れがあるからです。

例えば，クライアントが，上記(2)②のような，請求書控えと売上の総勘定
元帳との突合自体を行っていなかった場合は，次回からはこの作業を行うよ
うに指導する必要があります。

このような業務改善は，スタッフレベルの経理担当者に伝えても行動化さ
れない可能性がありますので，トップダウンで行います。なぜかというと，
経理担当者からすると，作業が増えて面倒だからです。作業が増えても給料
が上がるわけではないので，日々の業務を無難にこなして過ごしたいという
従業員もいます。必ずしも，経理担当者のすべてが，経理の適正化に対して
真摯な姿勢を持っているとは限らないのです。

したがって，必ず，経理部長と経理担当役員，小規模な会社であれば社長
に対して，口頭だけでなく，文書で伝えて，会社全体で業務改善に取り組む
ようにする必要があります。

2 費用の前倒計上

費用を前倒計上してしまうと，費用の過大計上となり，法人税と消費税の修正が必要となります。意図的に費用を前倒計上することは論外ですが，気づかずに行ってしまうこともあるので注意しましょう。特に，インターネット予約で，かつ，クラウド会計の自動仕訳を行っている場合は要注意です。

⑴　異常点の表れ方

> □　予約した旅費交通費について，まだ乗車や宿泊等をしていないにもかかわらず，予約時に損金にしてしまう
> □　ECサイトで購入した消耗品・備品・書籍などについて，まだ納品されていないにもかかわらず，注文時点で損金にしてしまう

⑵　異常点の見つけ方

費用の前倒計上の見つけ方としては，例えば，決算日付近で，未払となっている旅費交通費，消耗品費，新聞図書費などを見ていくという方法が考えられます。同時に，摘要欄をチェックする方法も有効です。

通常であれば，旅費交通費の場合，摘要欄に「○月○日　○社訪問のため○○市への出張旅費」といった，旅費交通費の内容が記載されています。その摘要欄を見て，例えば次のように，決算月ではなく翌月の出張の予定が記載されていた場合，債務が確定していないことになるので，決算月での費用計上はできず，費用の期ズレが生じることになります。

仕　訳	摘要欄
（借方）旅費交通費　……　（貸方）未払金　……	4月10日　A社訪問のため○○市への出張旅費

第Ⅰ章　経理の異常

　従業員が立替精算を行う場合は，出張から帰ってきてから，新幹線の領収書，航空券の半券，ホテルの領収書などを経理担当部署に渡して経費を精算してもらうという流れになります。このようなときは，出張に行った後なので，会計処理を行うときも期ズレの可能性は低いものとなります。

　しかし，会社がインターネット予約を行い（法人カードで予約する場合も含みます），かつ，クラウド会計で自動仕訳を行っている場合は，予約時に旅費交通費が自動計上されます。そのため，例えば，3月決算の会社で，4月10日の出張について3月20日に新幹線やホテルの予約を行うと，3月20日に旅費交通費が計上されてしまいます。この場合，4月10日に新幹線を利用していますし，ホテルも4月10日以後に宿泊していますので，翌事業年度の損金としなければなりません。

　このように，インターネット予約やECサイトを利用し，かつ，クラウド会計で自動仕訳を行っている場合は，特に決算日付近の旅費交通費，消耗品費，新聞図書費といった勘定科目と摘要欄に注意するとよいでしょう。

【参考】債務確定主義（法人税基本通達2－2－12）

　法人税法においては，販売費，一般管理費その他の費用のうち，償却費以外のもので，損金の額に算入できるのは，その事業年度終了の日までに債務が確定しているものに限られています。これを債務確定主義といいます。

　償却費以外の費用で，その事業年度終了の日までに債務が確定しているものとは，別に定めるものを除き，次に掲げる要件のすべてに該当するものとされています。

❶　その事業年度終了の日までにその費用に係る債務が成立していること。

❷　その事業年度終了の日までにその債務に基づいて具体的な給付をすべき原因となる事実が発生していること。

❸　その事業年度終了の日までにその金額を合理的に算定することができるものであること。

　前述の4月10日の旅費交通費は，❷の要件を満たさないので，債務が確定

55

していないこととなることから，損金の額に算入できないというわけです。

⑶　クライアントによる事前対策

①　インターネット予約かつ自動仕訳のときは注意する

　経費精算についての対策は，❶従業員が立替精算を行っている場合と，❷会社あるいは法人カードでインターネット予約を行っている場合に分けるとよいでしょう。

　まず，❶の場合は，例えば，旅費交通費は，出張後に経費精算を行うので，費用の前倒しのリスクは小さいといえます。

　一方，❷のように，会社自身，あるいは，従業員が法人カードでインターネット予約を行い，かつ，クラウド会計で自動仕訳が行われる場合は，予約時に旅費交通費などの費用が計上されてしまいます。この場合，経理担当部署は，決算期には旅費交通費の総勘定元帳で，決算月の翌月の出張費が前倒計上されていないかどうかをチェックします。

　なお，私見ですが，期中の月次決算ではそこまで行う必要はないと考えます。なぜかというと，月次決算は，正確性よりもスピードが要求されるからです。旅費交通費の期ズレがあったとしても，膨大な金額になることは滅多にないと思いますし，そこが税務上問題となることはないので，期中においては，予約時の費用にしていても差し支えないと考えます。

②　費用勘定を資産勘定に振り替える

　費用が決算月の翌月に発生する場合は，その事業年度の損金と認められませんので，費用勘定を資産勘定に振り替えます。

　具体例としては，翌事業年度に費用化されることから，例えば前払費用勘定への振替が考えられます。振替のタイミングは，その都度振り替える方法と，期末時にまとめて振り替える方法が考えられます。

　経理担当部署の負担が軽くなるようにするには，期末時にまとめて振り替えるのがよいのではないかと考えますが，この点は各社の方針に従うことになります（勘定科目は前払費用以外のものでも結構です）。

第Ⅰ章　経理の異常

【設例】

　X1年3月20日に，X1年4月10日に出張するときの新幹線を予約した（3月決算とする）。

| （借方）旅費交通費 | 200 | （貸方）未　払　金 | 200 |

　X1年3月31日時点で，この旅費交通費は翌事業年度の損金となることから，前払費用に振り替えた。

| （借方）前 払 費 用 | 200 | （貸方）旅費交通費 | 200 |

(4)　税理士が発見した場合の対応

　税理士が費用の前倒計上を発見した場合，当然のことながら，その費用を前払費用に振り替えてもらうことになります。

　もちろん，修正仕訳を入れれば完了ですが，クラウド会計による自動仕訳を行っているクライアントの場合，「何でですか？　会計ソフトでは費用計上されましたよ！」，「月次決算の時は何も言わなかったじゃないですか。月次の時はよくて，期末決算の時は何でダメなんですか？」と言われる可能性もあります。

　もし，そのような場面に遭遇した場合，❶自動仕訳では必ずしも確定した債務に基づいて費用計上されていない，❷月次決算は外部に公表しない内部資料であるため費用計上して差し支えないものの，期末決算は税務署に見せるものなので法人税法に従わなければならない，といった点を説明するとよいでしょう。

　また，このような費用の前倒計上は，金額的に少額であっても，必ず修正してもらいましょう。税務は1円単位で合わせる必要があるのです。

57

 **Column**

管理体制に絶対的なものはない

　会計処理や税務処理の管理体制は，絶対にこうでなければならないと定められているものではありません。その企業に合った仕組みを構築していくことが重要です。

　第Ⅱ章の①1で説明するように，着服防止のためには，出納担当者と会計担当者は別の人にすることが基本です。横領の多くは，この仕組みができていないため発生しています。

　しかしながら，小規模な会社では管理部門に十分な人数を確保することが難しい場合が多いので，出納担当者と会計担当者が同じ人にならざるを得ないことも少なくありません。このような場合でも，上長のチェックを入れて，完全に1人の人間に任せることのない体制にすることは可能です。管理体制の構築のためだけに従業員を雇用して，純利益が減少してしまっては本末転倒です。

　このように，会計処理や税務処理の管理体制には，絶対的なものはありません。限られた人員で，どのように創意工夫すればよいかを考えることが重要で，管理体制の構築には，発想力や創造力が求められるのです。

第Ⅱ章

勘定科目別の異常

　第Ⅱ章では，勘定科目ごとの異常取引とそれに基づく税務の異常点を説明します。

　異常取引が行われると，何らかの兆候や不自然な変化が表れます。そこで，さまざまな勘定科目について異常点の表れ方と見つけ方を紹介しました。

　このような税務の異常は，まず納税者側で防止する必要があるため，クライアントによる事前対策として，適正な税額計算を行うための管理体制や方法を紹介しました。そして，異常な取引を見つけた場合の，税理士の対応法も紹介しています。

　「こんなことが起こるのか？」と思われる論点もあるかもしれませんが，どの企業においても，異常取引の発生の可能性はあります。税務上の不正が起こると，企業の評判は下がります。数年に1度，起こるかどうかといった異常点についても，万全の対策を講じておきましょう。

① 現金預金の異常

1 簿外の現金預金

　税務の異常点は簿外資産あるいは架空負債として表れます。

　脱税によって得た現金は隠蔽されることが多いですが，これは現金の簿外化です。税務では意図的に税額を少なくしようとすると，このように簿外資産として表れるわけです。意図的ではなくても，現金預金の一部が簿外となっていた場合は，どこかで純利益の過少計上が行われている可能性が高く，結果として税金の計算にも影響を与えていることになります。

　例えば，従業員が売上の一部を除外して，現金預金を着服した場合，クライアントにおいては簿外資産が発生していることになります。これは従業員による横領ですが，同時に売上除外でもあります。このような従業員の不正は，法人税や消費税にも影響を与えます。

(1) 異常点の表れ方

> □ 現金実査の結果と帳簿価額が合わない
> □ 預金残高証明書の残高と帳簿価額が合わない
> □ 残高証明書の口座残高の中に，帳簿に記載されていないものがある
> □ クライアントがすべての金融機関と支店の残高証明書を入手していない
> 　　あるいは，残高証明書の依頼を拒否する
> □ 大金庫の中に，提示されたものとは別の現金や通帳が保管されている

第Ⅱ章　勘定科目別の異常

(2)　異常点の見つけ方

①　現金実査を行う

　税務においても，税理士はクライアントに赴いて現金の実査を行うとよい
でしょう。タイミングとして，期末日の出納を締め切った後の時刻，あるい
は，期末日翌日の始業時刻付近がよいですが，期末日から数日経過していて
も実施は可能です。

　現金実査は，クライアントが保有する紙幣と硬貨を数えて記録し，現金出
納帳との一致を確かめる手続です。その後，実査結果と試算表の金額との一
致も確かめます。

　このとき，もし現金出納帳の残高よりも実際残高のほうが多い場合は，超
過分は簿外資産となっていることになります。逆に，現金出納帳の残高が実
際残高よりも多い場合は，架空資産が計上されていることになります。

②　預金通帳・預金証書の実査も行う

　預金通帳・預金証書の実査も同じ日に行います。

　預金通帳・預金証書の中で注意すべきは，定期預金の通帳・証書です。定
期預金については，これを担保にして融資を受けることができます。もし実
査時に定期預金の通帳・証書が存在しない場合は，担保として差し入れてい
るのかどうかを確認しましょう。

③　通帳を閲覧する

　預金通帳又はインターネットバンキングの画面を閲覧し，不明な出金の有
無を調べます。摘要欄に記載がない，入金額と同額の出金があり，帳簿にも
記載がないなど，不自然な出金がある場合は注意するほうがよいでしょう。

④　残高証明書と帳簿残高を突合する

　もし，残高証明書の金額と帳簿残高が不一致の場合は，簿外資産又は架空
資産の可能性があります。また，もし，残高証明書に記載されている口座残
高が帳簿に記載されていない場合は，簿外資産の可能性があります。

61

⑤ 残高証明書の入手状況を調べる

　残高証明書はすべての金融機関・支店から入手してもらい，すべての口座の残高と帳簿残高が一致していることを確認します。

　すべての口座が対象となっているかどうかについては，実査の対象となった通帳と残高証明書を突合します。ただし，実査時に，一部通帳を隠して提示され，しかも残高証明書を発行していないとなると，すべての口座が対象となっていることを確認するのは困難です。

　また，もし，会社が残高証明書の入手を拒む場合は，知られたくないことがある可能性があるので要注意です。

⑥ 大金庫の中を見る

　大金庫の中も見てみましょう。もし，提示されたもの以外の現金や預金通帳・証書が保管されていた場合，簿外資産の可能性があります。

　私の経験ですが，ある店舗の大金庫を見たところ，実査で提示された預金通帳以外の預金通帳が保管されていたことがありました。店長に尋ねると，お客への過払金を返金してもらうための口座として開設したということでした。その通帳は会社名義だったので，残高は簿外資産となります。このように，従業員が会社に無断で口座を作成していることもありますので注意しましょう。

(3)　クライアントによる事前対策

① 現金実査は毎日行う

　現金の実査は，毎日終業後，金種表を使用して行います。また，現金出納帳を作成しましょう。キャッシュレス化を進めて現金取引を大きく減らし，現金を簿外にする機会を減らすという工夫もあります。

② 残高証明書はすべて発行してもらう

　残高証明書はすべての金融機関・支店から発行してもらいましょう。金融機関や支店の数が多かったり，新たな金融機関で口座を開設したりしたときは，一部を失念することがあるため，期末に向けて発行リストを作成してお

62

くとよいでしょう。

③ 出納担当者と会計担当者は別の人にする

　出納担当者と会計担当者が同じ人だと，会計操作が可能となってしまいます。例えば，売上の一部を横領しようと思えば容易にできてしまいます。もしそのようなことが起これば，従業員による横領であると同時に，会社側は売上除外となってしまい，税務上の問題も生じてしまいます。そうならないように，原則として出納担当者と会計担当者は別の人にしましょう。

④ 強制休暇をとらせる

　出納を担当している人に対して，強制的に休暇をとってもらい，その期間は別の人が担当するという方法もあります。このような対策は金融機関でよく見られます。この方法によれば，お金の入出金について，ある時突然，自分とは他の人が担当することになるので，不正を行っていれば見つかってしまう可能性があります。そのため，心理的な牽制効果が働いて，万が一，すでに不正が行われていれば，早期の発見につながります。

(4)　税理士が発見した場合の対応

① 現金実査で差異があった場合

　会社が保有する小口現金はそれほど多額でない場合が多いですが，軽く見てはいけません。もし差異が発覚したら，それはクライアントが小口現金を管理できていないということです。

　このような場合は，少額であっても経理部長に伝えることが重要です。小口現金すらしっかり管理できていないということは，他の資産も管理できていない可能性が高いと思って差し支えありません。そのようなクライアントは要注意です。

② 残高証明書と差異があった場合

　残高証明書の金額と帳簿残高の差異はあってはならないものですが，もし差異があった場合は，残高証明書と帳簿残高を突き合わせていないのはもちろん，毎月通帳残高と帳簿残高を突き合わせていない可能性が高いと推測さ

れます。そのような場合は，必ず実施するように指導しましょう。もちろん，差異の内容は指摘して，修正するようにしてください。

残高証明書に記載されている口座残高が帳簿に記載されていない場合は，その理由を明らかにしましょう。また，会社名義である以上，帳簿に載せてもらうようにしてください。

③ 不自然な出金があった場合

入金額と同額の出金があり，しかもどちらも帳簿に記載がないといった場合は，経理担当者，経理部長に質問し，誰が行ったのかを明らかにすることが重要です。そのとき，単独で行ったのか，誰かの指示で行ったのかがわかれば，役員や従業員の横領なのか，会社ぐるみの隠蔽なのかという点も明らかになります。

④ 税務上の問題点を伝える

現金預金の帳簿残高と実際残高に差異があるということは，純利益の計算が誤っているということです。そして，純利益が誤っているということは，最終的に税額計算も誤ることになるという点を伝えましょう。

【参考】現金の隠し場所

国税庁が公表している不正資金の隠匿場所には，次のような例があります。

・居宅の床下に置かれた袋の中
・銀行の貸金庫の中
・クローゼット内に置かれた金庫の中
・寝室ベッド下の収納スペースの中
・クローゼット内のスーツケースの中

(国税庁「査察の概要」などを参考にして作成)

その他，ホテルの1室に無造作に置かれた袋の中にあった事例や，貸トランクルーム，押入れの床下を改造した金庫の中，自宅の庭木の下といった事例もあるということです。隠匿された現金は簿外資産の代表例ともいえるで

第Ⅱ章　勘定科目別の異常

しょう。

〈小規模会社での対策〉

> 💡**出納・会計担当者が同じでも上長の牽制を入れる**
>
> 　出納担当者と会計担当者は分けることが基本ですが，小規模な会社では人を多く雇えないところが多く，人員が限られていることから，出納担当と会計担当を別の人にすることが難しい場合があります。そのような場合は，出納担当者と会計担当者は同じ人でもやむを得ませんが，必ず上長のチェックを入れて，絶対に１人に任せないようにする必要があります。
>
> 　例えば，預金通帳は経理部長が管理し，会計担当が預金通帳を使用するときは，経理部長から受け取り，使用後は経理部長が通帳の記帳内容と残高を帳簿と突合してチェックするという方法が考えられます。
>
> 　また，税理士も毎回の訪問時に通帳を閲覧して，異常な入出金の有無をチェックすることで，一定の牽制効果が得られます。

【参考】金種表の例

金種表

	金　種	数　量	金額（円）
紙幣	10,000円		
	5,000円		
	2,000円		
	1,000円		
硬貨	500円		
	100円		
	50円		
	10円		
	5円		
	1円		

合計＿＿＿＿＿＿＿＿円

65

資産の網羅性と負債の実在性

　税務の異常点の多くは，会計処理の段階で表れてきます。貸借対照表では，資産の網羅性と負債の実在性の面で異常点が表れます。

　もし，売上の過少計上によって純利益を減少させると，損益計算書と貸借対照表の関係から，資産については必ず簿外資産として表れます。現金預金や売掛金が簿外となるのはそのためです。また，架空費用の計上を行うと架空の買掛金や未払金が計上されますが，これは架空負債となります。

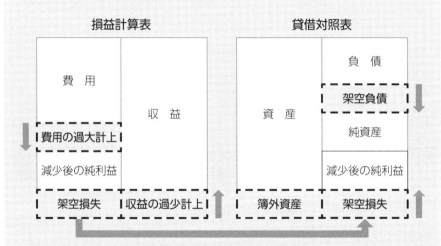

　このように，税務上の不正を行うと，資産の網羅性と負債の実在性に異常が出てきます。収益や費用を逐一見ていくことは大変ですが，資産や負債というストック面でチェックすると簡単にわかります。これは，貸借が一致する複式簿記の原理によるものです。税務の異常点も，複式簿記の原理に基づいてチェックできるのです。

第Ⅱ章　勘定科目別の異常

2　休眠口座

　休眠口座は，例えば架空取引や水増し取引のキックバックの入金に使われるなど，従業員の横領のために悪用される可能性があります。このような従業員の横領が発生すると，法人税や消費税の修正，延滞税，過少申告加算税の発生につながってしまいます。休眠口座は極力保有しないようにしましょう。

(1)　異常点の表れ方

□　直近に入出金の記録がない残高０円の預金通帳がある
□　残高証明書に残高０円の口座がある
□　残高は０円ではないが，長期間，入出金がない預金口座がある

---

(2)　異常点の見つけ方

　休眠口座は，預金通帳の実査において，おおよそ判明します。預金通帳を閲覧し，直近の入出金の記録がなく，残高０円のままとなっている口座であれば，ほぼ休眠口座です。このとき，クライアントの経理担当者には，この口座を使用しているか，また，今後使用する予定はあるかという点を質問します。

　次に，この口座について，残高証明書でも０円となっていることを確認します。というのは，その口座の預金通帳がいつ記帳されたのかが，実査時点ではわからないからです。もしかしたら，記帳してみたら，その後に入出金があったということもありえます。

　一方で，残高証明書において，残高が０円の口座があるものの，その口座に関する預金通帳が実査時に提示されなかった場合は，経理担当者に理由を質問し，その預金通帳を見せてもらいましょう。

67

⑶ クライアントによる事前対策

① 原則として解約する

　クライアント側は，休眠口座を今後使用する予定がなければ，解約することが望まれます。理由は，前述のとおり，不正取引に悪用されるおそれがあるからです。

　また，ある金融機関の支店の口座が1つだけで，その口座が休眠口座の場合には，その休眠口座があるばかりに残高証明書を発行しなければならず，ムダな発行手数料が発生してしまいます。

　ただし，近年は，法人が金融機関で預金口座を開設することが簡単ではなくなっているので，新しい口座が必要になったときのために保留にしておきたいという会社もあります。このような場合は，1〜2つの口座を残して後は解約するという方法が考えられます。

② 解約したことを確認する

　このように，休眠口座は原則として解約することが望まれますが，金融機関で解約証明書を発行してもらうなどして，解約したことを必ず確認するようにしましょう。

　というのは，解約したと思っていたら，実は解約されておらず，裏で不正に利用されるということも想定されるからです。実際に，過去に不正があった非営利法人でそのような話を聞いたことがあります。特に，小規模な会社では，経理担当者に任せきりにする傾向がありますが，必ず，口座を解約したことを会社としても確認することが重要です。

⑷ 税理士が発見した場合の対応

　休眠口座を発見した場合，不正取引に悪用されるおそれがあり，さらには法人税と消費税にも影響することを説明して，解約してもらうよう依頼します。不正取引の例としては，従業員が取引先の担当者と共謀して架空取引や水増し取引を行い，会社のお金を横領するというものがあります。例えば，

第Ⅱ章　勘定科目別の異常

水増し取引の場合，会社に通常よりも高い金額で請求してお金を支払わせた後，共謀している取引先の担当者から，代金の一部をキックバックしてもらうというものです。

休眠口座であっても取引相手の金融機関口座ですから，通常の取引口座ではないものの疑われにくいものとなります。特に，管理体制が脆弱な会社では取引先の出納担当者が気づかずに，その休眠口座に入金してしまうこともありえますし，さらには共謀者が自らその休眠口座に入金する場合もあるでしょう。取引先の口座への入金なので，後から第三者が見ても気づきにくくなります。

そして，本章17 1でも説明しますが，従業員の横領があった場合，税務上，損害賠償請求権に関する収益を認識する可能性が出てきます。そうなると法人税の増加につながります。また，課税仕入れではありませんから消費税も修正となります。さらに，延滞税，過少申告加算税も発生します。このように，従業員の横領は法人税や消費税に影響してくるのです。

このとき，前述のとおり，「最近は，口座開設が難しくなっているので，口座を持っておきたい」という要望は少なからずありますので，1～2口座は残してもよいと思いますが，あとは解約してもらうようにしましょう。

そして，残った少数の休眠口座については，期中に適宜記帳してもらうようにします。なぜかというと，休眠しているように見えて，期中で入出金があり，期末時だけ残高0円にしている可能性もあるからです。

なお，このような入出金の動きをクライアントにおいて把握できるよう，インターネットバンキングにして，さらに，クラウド会計と結びつけるという方法を勧めるのもよいでしょう。デジタル化による可視化は不正の防止にもつながるのです。

69

② 貯蔵品の異常

　切手や収入印紙は金券ショップで換金することが可能です。そのため，切手や収入印紙は現金と同等のものと考える必要があります。もし，役員や従業員が会社の切手や収入印紙を無断で換金し横領すると，税務上，会社収益を簿外にしたことになり，法人税や消費税の修正が必要となります。

(1) 異常点の表れ方

> ☐ 受払台帳を作成していない
> ☐ 期末時に実査を行っていない
> ☐ 費用処理できる基準となる金額を定めていない
> ☐ 短期間に何度も切手や収入印紙の購入に関する通信費や租税公課が発生している

(2) 異常点の見つけ方

　受払台帳を作成しておらず，期末時の実査も行っていないという状況だと，役員や従業員による切手や収入印紙の横領を見つけることは難しくなります。

　そのような場合に異常点を見つけるには，損益計算書の月次推移表の通信費や租税公課を閲覧するという方法があります。具体的には，会社規模のわりに，短期間で通信費や租税公課が何度も発生している場合は，注意するとよいでしょう。切手や収入印紙は短期間で費消する性質のものではありませんから，短期間で枚数が足りなくなって購入するということは考えにくいといえます。この場合，業務外で使用されて枚数が少なくなり，補充のために購入したという可能性や，初めから換金目的で購入した可能性があります。

(3)　クライアントによる事前対策

　切手や収入印紙は現金と同等のものと考える必要があり，管理を厳格に行うことが重要です。収入印紙は額面が高額のものもありますし，少額の切手や収入印紙でも，シート単位となると数万円になります（私は，不動産業の契約書で数十万円の収入印紙を見たことがあります）。

①　受払台帳（管理簿）を作成する

　購入したことと使用したことがわかるように，受払台帳（管理簿）を作成しましょう。使用した場合は，用途欄に使用目的を記載するようにします。

②　受払台帳（管理簿）と現物の管理は別の人が行う

　受払台帳の管理と切手や収入印紙の現物の管理は別の人が行うようにします。これは，出納と会計入力の担当者を分けるのと同じ理由で，これらを同じ人が管理すると，その人による横領が可能となってしまうためです。

③　大金庫に保管する

　切手や収入印紙が持ち出されて換金されないよう，大金庫に保管します。また，扱うことができる担当者も決めておきましょう。

④　実査を行う

　期末時には実査を行い，額面ごとに受払台帳（管理簿）に記載された残高と一致しているかどうかを確認します。もし，差異があった場合は，その場で原因を究明するようにします。

⑤　費用処理する金額基準を決めておく

　切手や収入印紙は，重要性が低い場合は購入時に費用処理することができます（企業会計原則注解1）。しかし，これはあくまで重要性が低い場合にのみ認められる例外処理です。重要性が低いと認められない場合は，原則どおり，在庫相当分は貯蔵品勘定とします。そのため，費用処理する場合の金額基準を定めておきましょう。

　金額が大きいにもかかわらず全額を費用処理し，しかも実査を行わず在庫管理もしないというのはかなり問題です。損金計上の可否の問題も生じます

し，全額が簿外資産となっているため，一部を横領されても気づきにくくなってしまうからです。

(4) 税理士が発見した場合の対応

　税務上，切手や収入印紙が無断で換金されて横領されたことが発覚すると，まず会社の収益が簿外となっていますので，収益の計上が必要となります。その金額に対して横領損失が計上されますが，一方で，損害賠償請求権に関する収益が発生するので，結果として，所得が増加し，法人税も増加します。また，金券ショップで換金していた場合，課税取引になるので，消費税の修正も必要となります。

　クライアントが，切手や収入印紙に関する受払台帳を作成していない場合は，事業年度の途中からでもよいので，すぐに受払台帳を作成するよう伝えましょう。受払台帳の様式は自由です。額面ごとに作成するとよいでしょう。

　また，実査を行っていない場合も，少なくとも期末時には必ず行うように伝えましょう。このとき，受払台帳の作成者以外の人が実査を行うことが望ましいといえます。

　切手や収入印紙の管理は，小規模な会社だと1人の人に任せきりというケースが多く見られます。また，保有している枚数がそれほど多くない会社もよく見られます。そのため，このような指導をすると，「何でそこまでしないといけないんですか。ウチにある切手や収入印紙はたったこれだけですよ」と言われる可能性もあります。

　しかしながら，このようなときにも，切手や収入印紙は現金と同等物であることを説明するようにしましょう。枚数がわずかであっても，管理がゆるいと横領が発生しやすい社内環境や社内文化が醸成されてしまいます。

　小口現金もそうですが，金額がわずかであっても厳格に管理する姿勢を社内全体に示すことで，不正を許さない社内風土が育まれるのです。

第Ⅱ章　勘定科目別の異常

③ 棚卸資産の異常

1 実地棚卸の対象漏れ

棚卸資産の計上漏れがあると売上原価が増加するため，売上総利益が減少し，純利益の減少につながります。純利益が減少すると所得の減少につながり，最終的に法人税の過少申告となってしまいます。

期末時の実地棚卸において棚卸の対象漏れがあるとカウントされず計上漏れとなってしまいます。

(1)　異常点の表れ方

> □　実地棚卸の計画を作成せず，実地棚卸の対象を定めていない
> □　外部倉庫に保管している棚卸資産を棚卸の対象としていない
> □　消耗品費が多額に発生しているにもかかわらず貯蔵品が計上されていない
> □　輸入取引を行っているのに未着品が計上されていない

(2)　異常点の見つけ方

①　実地棚卸の計画を閲覧する

すべての棚卸資産が実地棚卸の対象となっているかどうかを確認するためには，実地棚卸の実施計画の閲覧が有効です。

このとき，実地棚卸の対象となる棚卸資産の種類，棚卸資産の保管場所，実施日等を把握します。棚卸の実施手続書も閲覧しましょう。実地棚卸の計画がしっかりと作成されていない場合は，実地棚卸のミスも起こりやすいため注意が必要です。

73

② 棚卸資産の保管場所を把握する

　外部倉庫に預けている棚卸資産も実地棚卸の対象になるので，棚卸資産の保管場所について，外部倉庫での保管の有無を質問により確かめます。経理担当者が完全に把握していないこともあるので，棚卸資産の管理担当者にも質問するとよいでしょう。支店や事業所についても漏れなく把握することが重要です。

③ 棚卸資産の範囲を把握する

　クライアントが，法人税法における棚卸資産の範囲を認識しているかどうかを確認することも重要です。

　例えば，法人税法における棚卸資産には「消耗品で貯蔵中のもの」も含まれます（法人税法施行令10条6号）。毎事業年度におおむね一定数量を取得し，かつ，経常的に消費する事務用消耗品等については，取得に要した費用の額を継続してその取得をした日の属する事業年度の損金の額に算入している場合は，会計上，費用処理していても問題はありませんが（法人税基本通達2－2－15），それ以外の場合は，期末時に費用化されていないものは資産計上することになります。

　棚卸資産の範囲を誤ると，棚卸資産の計上漏れにつながるので注意しましょう。

④ 輸入中の商品の有無を把握する

　輸入取引を行っている場合，貨物代表証券を受け取ったものの輸入途中の商品があるときは，未着品として計上します。年間を通して輸入取引を行っている場合，未着品が発生する可能性は高いといえます。期末における貨物代表証券の保管状況について輸入担当者に質問して，未着品のカウント漏れがないかどうかも確かめましょう。

(3) クライアントによる事前対策

① 実地棚卸計画を作成する

　実地棚卸を行うときは，必ず実地棚卸計画を作成します。実施日時などの

スケジュールはもちろん，実地棚卸を行う場所，棚卸の対象範囲，責任者・担当者などを計画します。棚卸の実施手続書を作成しておきましょう。また，見取り図も作成して，棚卸資産の保管場所や入出庫場所などを明らかにしておくとよいでしょう。

② 外部倉庫と連携する

外部倉庫に預けている棚卸資産については，外部倉庫会社から在庫証明書を入手するのか，それとも，現地に赴いて実地棚卸も行うのかを決めておくようにしましょう。また，外部倉庫会社の管理レベルの把握も重要です。私の経験では，外部倉庫会社に預けている棚卸資産の実際数量と帳簿上の数量が大きく乖離していたことがありました。

③ 棚卸資産の範囲を確認する

預け在庫のほか，消耗品で期末に残っているもの（一定のものを除きます）や未着品は，棚卸の対象範囲から漏れやすいものです。そのため，法人税法における棚卸資産の範囲を確認し，実施手続書に反映しておきましょう。

④ 輸入担当者と連携する

経理担当部署は輸入担当者とコミュニケーションをとり，期末時の貨物代表証券の保管状況を確認し，未着品の有無・数量・金額を確認しましょう。

(4) 税理士が発見した場合の対応

① 法人税法上の影響を説明する

実地棚卸時に棚卸の対象を誤り，棚卸資産の計上漏れが発生すると法人税の申告に影響することを説明しましょう。

棚卸資産の計上が漏れると，売上原価が過大計上となり売上総利益が減少します。そのため，当期純利益も減少して，税務上の所得金額も減少します。その結果，法人税も減少するので，過少申告となってしまい，法人税の修正申告が必要となり，延滞税や過少申告加算税も発生することになります。

次の図は，期末棚卸資産と売上原価との関係を示したものです。期末棚卸資産が過少となると，売上原価が過大となり，売上総利益が減少します。

【期末棚卸資産と売上原価の関係図】

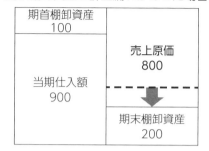

- 期末棚卸資産のうち，100の計上漏れがあったとすると，売上原価が100増加する。
- 売上原価が100増加するということは，売上総利益が100減少するということになる。

② 実地棚卸計画を作成してもらう

　実地棚卸計画を作成していない会社は意外にあります。「手順書は作ってますよ。それ以外に必要なんですか？」と言われたことも実際にあります。もちろん，実地棚卸計画を作成してもらうように伝えることが重要ですが，小規模な会社だと，どのように作成すればよいのかわからないことも多いので，棚卸資産の種類，棚卸資産の保管場所，実施日といった最低限のことを定めてもらうようにしましょう。

③ 棚卸資産の範囲を棚卸前に指導する

　クライアントが，棚卸資産の範囲について認識を誤っていた場合は，法人税法における棚卸資産の範囲を伝える必要がありますが，実地棚卸が終わった後では手遅れとなります。実地棚卸をもう1度行うことは，ほぼ不可能だからです。実地棚卸を行う前にしっかりと確認しておきましょう。

　特に，小規模な会社では，実地棚卸は年1回というところもあります。年1回だと，指摘されても翌年には忘れてしまうこともあるため，このような確認は毎年行いましょう。

第Ⅱ章　勘定科目別の異常

2　カウント漏れ

継続記録法において，帳簿数量と実地数量が一致しない場合，差異の原因はすぐに調べて解決しましょう。棚卸計算法では，実地棚卸数量のカウントを誤ると，売上原価に影響が出るので，結果として純利益と法人税の税額計算にも影響が出てしまいます。

(1)　異常点の表れ方

> ☐　帳簿数量と実地棚卸数量が一致しない
> ☐　急に棚卸資産の額が増加している
> ☐　急に棚卸資産の額が減少している

(2)　異常点の見つけ方

①　帳簿数量と実地棚卸数量が一致しない

帳簿数量と実地棚卸数量の不一致の有無に関しては，実地棚卸の結果を見せてもらうことで判明します。税務では，実地棚卸に立ち会うことはあまりありませんが，棚卸資産に重要性がある場合や，過去に棚卸資産の数量に問題があった場合は，実地棚卸に立ち会うことも考えられます。

②　急に棚卸資産が増加した

売上高は大きく変わらないのに，ある事業年度から急に期末棚卸資産額が増加したというケースは注意するとよいでしょう。もちろん，商品が売れなくなったということもありえますが，過去に棚卸資産のカウント漏れがあった可能性があるためです。

実際に，倉庫の奥の棚に保管している商品のカウントを忘れてしまったまま，ずっと期末帳簿残高を計上してしまっていたというケースがありました。これは，過去の事業年度における売上原価の過大計上で，過去の税額計算も

77

誤っていたということになります。

③ 急に棚卸資産が減少した

上記②のようなうっかりミスではなく，意図的に棚卸資産を倉庫外に隠して売上原価を過大計上させ，純利益を減少させるというケースも想定されます。このようなときは，急に棚卸資産が減少するという形で表れる可能性があります。

これについても，売れ残りの滞留商品を倉庫とは別の所に置いていたら，税務調査で見つかってしまい，重加算税を課せられたという話を聞いたことがあります。

(3)　クライアントによる事前対策

① 差異が出たらその場で原因を究明する

継続記録法において，帳簿数量と実地棚卸数量は一致すべきですが，もし不一致となった場合は，その場で原因を究明するようにします。基本的に差異が出るということは，管理体制に何らかの問題があったということなので，大きな問題として受け止めなければなりません。特に，受払台帳の記録ミスによる差異は，数値に大きく影響するリスクがあるので改善するようにしましょう。

② 棚卸資産の管理場所を明確にする

棚卸資産が散在してしまい，一部をカウントし忘れるということがないよう，棚卸資産の管理場所を明確にしておきましょう。

見取り図を作成して，どこにどのような種類の棚卸資産があるかといったことをまとめておくことも有効です。また，入出庫管理を行い，倉庫外に棚卸資産を勝手に持ち出せない体制とすることも重要です。

第Ⅱ章　勘定科目別の異常

〈小規模会社での対策〉

> 💡カウント漏れを防ぐ〜できれば棚卸原票方式で
>
> 　業種にもよりますが，小規模な会社であっても，商品の種類・数量はそれなりにあるものです。小規模な会社では，在庫リストを使って棚卸を行うリスト方式を採用しているところも多く見られます。理由は，リスト方式のほうが簡単だからです。しかしながら，リスト方式は，そのリストに記載漏れがあると，カウント漏れが発生するという欠点があります。
>
> 　一方，手間はかかりますが，棚卸原票にカウントした品名や数量を記載し，終わったら貼付する棚卸原票方式のほうがカウント漏れのリスクは低くなります。この場合，棚卸原票は簡易なものでもよいでしょう。
>
> 　税務では，意図的ではなくても，カウント漏れがあると，隠蔽したのではないかと疑われることもあるため，漏れがないようにしましょう。

(4)　税理士が発見した場合の対応

①　改善の文書化を確認する

　実地棚卸時に差異が発生したことがわかった場合，その場で原因を究明したか，原因は何だったのか，差異の原因となった不具合は改善されたか，といった点を確認しましょう。特に，文書化して改善につなげているかどうかを確認するとよいでしょう。在庫管理体制が改善されないと，翌事業年度末においても差異が発生する可能性があるためです。差異が頻繁に発生するような在庫管理体制だと，税務署の印象も悪くなります。

②　過去のカウント漏れを検討する

　過去にカウント漏れがあった場合は，過去の事業年度において法人税の税額計算にも誤りがあったということなので，修正申告を検討します。また，当事業年度の期首在庫が適正な数量・金額であるかも確認しましょう。

　一方，意図的に棚卸資産を隠蔽したことが判明した場合，当然のことながら，正しい棚卸資産の額に修正するよう指導します。また，この場合は税理士が欺かれたわけですから，顧問契約の解除も検討すべきでしょう。

79

3 届け出た評価方法と異なる

　法人税法上，棚卸資産の評価方法は，「棚卸資産の評価方法の届出書」を所轄の税務署に提出した場合は，届け出た評価方法により評価しなければなりません。届け出た評価方法とは異なる評価方法で評価して，棚卸資産の額が過少となった場合は，売上原価が過大となり，結果として純利益の過少計上となります。そのため，棚卸資産の計上漏れとして，法人税の修正が必要となります。

(1)　異常点の表れ方

> □　「棚卸資産の評価方法の届出書」に記載した評価方法とは異なる評価方法で評価している
> □　「棚卸資産の評価方法の届出書」に記載した棚卸資産の種類が，貸借対照表で計上されている棚卸資産の種類と一致していない

(2)　異常点の見つけ方

　評価方法の異常点の見つけ方は，クライアントが所轄の税務署に提出した「棚卸資産の評価方法の届出書」の控えを閲覧することです。

　もし，設立後に評価方法を変更していた場合は，「棚卸資産の評価方法・短期売買商品等の一単位当たりの帳簿価額の算出方法・特定譲渡制限付暗号資産の評価方法・有価証券の一単位当たりの帳簿価額の算出方法の変更承認申請書」（以下「棚卸資産の評価方法の変更承認申請書」といいます）を閲覧しましょう。

　次に，これらの届出書又は申請書に記載された評価方法と計算書類の注記に記載された評価方法を照らし合わせます。通常は一致していますが，中には不一致のケースがあります。

80

また，両方の評価方法が一致していた場合でも，本当にその評価方法によって算出しているかを確かめるために，棚卸資産を評価した計算シートを閲覧してみましょう。

(3) クライアントによる事前対策

① 設立1期目は特に慎重に進める

クライアント側では，まず設立時に評価方法を慎重に決定することが重要です。設立時に決定し，所轄の税務署に届け出た評価方法が，原則としてその後，継続的に適用されるからです。棚卸資産の評価方法は頻繁に変える性質のものではありませんから，この点は十分注意しましょう。

なお，評価方法の変更申請があった場合，次に変更するときは，合併など特別な理由があるときを除き「相当期間」である3年を経過する必要があります（法人税法施行令30条3項，法人税基本通達5－2－13）。

そして，設立1期目は届け出た評価方法を確認して評価し，計算書類の注記にも記載します（届出書を提出しなかった場合は最終仕入原価法（法人税法29条1項，同法施行令31条1項））。ここで誤ると，その後，誰も気づかず，そのまま長期間誤った方法で評価してしまうリスクがあります。

② 届出書・申請書の控えはすぐに閲覧できるようにする

棚卸資産の評価方法が，届け出た方法と一致しているかどうかの確認は，毎事業年度末に確かめるというのがあるべき論ですが，おそらくそこまで実施している会社はあまりないと思います。

とはいえ，どこかのタイミングで，いつの間にか届け出た方法と異なる方法を適用してしまったという可能性もあるかもしれないので，届出書や申請書の控えは，誰でもすぐに閲覧できるようにしておくのも1つの対策でしょう。

(4) 税理士が発見した場合の対応

実際に，顧問契約時に届出書・申請書の控えをすべてご提示いただき，届

け出た方法で評価しているかどうかを確かめた結果，評価方法，棚卸資産の種類のどちらも異なっていたというケースはあります。

このような場合，まず，クライアントの経理担当部署にお伝えして，事実確認をします。そして，今後は，所轄の税務署に届け出た評価方法で評価するのか，それとも届け出た評価方法を変更するのかをクライアント側で決定してもらいます。

もし，届け出た評価方法を変更する場合は，「棚卸資産の評価方法の変更承認申請書」を所轄の税務署に提出します。提出時期は，変更しようとする事業年度開始の日の前日までです（法人税法施行令30条2項）。

また，棚卸資産の種類についても，届出書に記載した資産区分と実際に適用している資産区分が不一致だった場合，届出書に記載した資産区分に合わせるのか，それとも自社の資産区分に合わせるのかという点を決定してもらいましょう。

なお，「棚卸資産の評価方法の届出書」では，資産の区分欄にはあらかじめ「商品又は製品」，「半製品」といった棚卸資産の種類が記載されています。そのため，会計上もこの資産区分に合わせておくのがよいでしょう。

〈小規模会社での対策〉

> 💡**最終仕入原価法が多いものの……**
>
> 　企業会計を適用していない小規模な会社では，棚卸資産の評価方法は最終仕入原価法を適用しているところがほとんどだと思います。
>
> 　前述のとおり，「棚卸資産の評価方法の届出書」を提出しなかった場合は最終仕入原価法となりますが，念のため，会社が設立時に所轄の税務署に提出した届出書の控えの一式は確認しておいたほうがよいでしょう。もしかしたら，「棚卸資産の評価方法の届出書」を提出しているかもしれません。
>
> 　企業会計を適用していない非上場会社だから最終仕入原価法だと決めてかかるのは禁物です。

第Ⅱ章　勘定科目別の異常

4 繰延資産の異常

　賃貸契約をしたときに支払う敷金等のうち，返還されない部分の金額は税法上の繰延資産となります。一方，消費税においては，この部分の金額は，権利の設定の対価となるため，資産の譲渡等の対価に該当します。そのため，課税仕入れとしますが，この部分を課税対象外とする誤りが見られます。課税対象外としてしまうと，控除対象仕入税額が少なくなってしまい，消費税は過大納付となってしまいます。

(1)　異常点の表れ方

> □　敷金等の不返還部分について長期前払費用で処理しているものの，課税対象外としている

(2)　異常点の見つけ方

　消費税の課税対象は，「国内において事業者が事業として対価を得て行う資産の譲渡等」となりますので（消費税法4条），国内取引であり，事業者が事業として行う場合は，不返還部分に関する長期前払費用は権利の設定の対価として課税仕入れとなります（消費税法基本通達5－4－3）。

　異常点の見つけ方は，敷金等の不返還部分に関して計上した振替伝票を閲覧し，仕訳を検証することです。以下，設例を見てみます。

【設例】

　当社はオフィスビルの1室を賃借し，X社に対して敷金10,000を支払った。このうち，10％に相当する1,000については，契約において不返還とされている（なお，消費税率は10％とし，X社はインボイス登録事業者とする）。

83

(借方) 敷 金	9,000	(貸方) 普 通 預 金	10,000
長期前払費用	909		
仮払消費税等	91		

このように，長期前払費用は1,000ではなく，税抜金額の909となります。

(3) クライアントによる事前対策

会計ソフトでは，おそらく長期前払費用については，デフォルトで課税対象外として設定されていると思います。そのため，敷金等の不返還部分は税法上の繰延資産として長期前払費用とするということはわかっていても，気づかずに会計ソフトにそのまま長期前払費用で入力すると，課税対象外となってしまいます。

事前対策としては，支店や事業所を設立することが多い会社であれば，長期前払費用勘定の補助科目に，例えば「敷金不返還分」という科目を設定し，消費税の設定を「課税仕入れ」としておけば，誤るリスクは減少すると思います。

(4) 税理士が発見した場合の対応

税理士が発見した場合は，修正伝票を作成してもらい，課税仕入取引に修正してもらうことになります。課税対象外となったままだと，消費税の計算において不利になってしまいます。

また，上記(3)で紹介したように，会計ソフトの補助科目の設定を指導するとよいでしょう。

私も，実際にこの誤りを発見したことがありましたが，意外に見落としがちな論点なので注意しましょう。

第Ⅱ章　勘定科目別の異常

⑤　固定資産の異常

1　入力漏れ・消去漏れ

　固定資産は購入したらすぐに固定資産台帳に計上することが重要です。台帳への計上漏れがあると減価償却費の過少計上につながり，法人税の計算が不利となります。また，過去に除売却したにもかかわらず，台帳に計上されたままだと減価償却費の過大計上となり，損金とは認められなくなります。

(1)　異常点の表れ方

> □　固定資産を購入したにもかかわらず，固定資産管理ソフトに入力していないため，実査の結果と固定資産管理ソフトの内容が一致しない
> □　除売却したにもかかわらず，固定資産管理ソフトに計上されたままとなっている

(2)　異常点の見つけ方

①　固定資産管理ソフトへの入力漏れ

　まず，固定資産管理ソフトの入力担当者に質問し，入力の手順や上長によるチェック体制について確認してみましょう。私が質問したケースだと，入力担当者から「他の業務も兼務しているので手が回っていないんです……」という回答をいただいたこともありました。このような人員が十分とはいえない体制の場合，入力漏れのリスクがあります。

　次に，もし入力漏れがあった場合には，購入した固定資産の支払時に気づくことができます。しかし，支払が事業年度をまたぐ場合や，翌月ではなく

85

翌々月などの場合，気づくのが遅れることになります。このように固定資産の入力漏れに気づくのが遅れてしまい，しかも決算がすでに締まっていると，購入した事業年度の固定資産台帳に入力できなくなってしまいます。すると，仮に，その固定資産が購入月から稼働していたとしても，本来計上できた減価償却費を，その事業年度に計上できなくなることもありえます。

結果として，減価償却費の計上漏れとなり，法人税の計算において不利になる可能性もあるので注意しましょう。

② 固定資産管理ソフトからの消去漏れ

固定資産管理ソフトからの消去漏れは，固定資産の実査を行うことで判明することがあります。

私の経験では，ある支店で，固定資産台帳に計上されているパーテーションや備品の所在が不明となっていたことがありました。施設担当者が固定資産の管理をしていなかったため全く気づかず，計上されたままとなっていたわけですが，こうした事態を防ぐためにも，クライアントの実査体制をチェックすることは重要です。

また，この場合，会計上で除却扱いとして消去することになりますが，このような固定資産除却損は，除却の事実を確認できないため，損金の額に算入することが難しいといえます。この場合も，法人税の計算で不利になる可能性があります。

(3) クライアントによる事前対策

① 固定資産管理ソフトにはすぐに入力する

固定資産管理ソフトの入力担当者は，稟議書写しのほか，注文書，契約書，納品書，検収書控え，請求書といった証憑一式が回付されたら，迅速に入力することです。また，入力内容について上長がチェックしましょう。

② 管理シールを必ず貼付する

購入した固定資産には必ず管理シールを貼付して，実物と固定資産台帳を結びつけましょう。近年，固定資産管理ソフトの中には，管理シールを作

成・印刷できる機能が付いているものもあります。

③ 固定資産の実査も必ず行う

必ずしも期末日でなくてもよいので，期末付近に固定資産の実査を行うようにしましょう。実査を行うことで，固定資産の実在性や稼働状況などを確認することができます。

④ 無形固定資産も実査を行う

固定資産の実査は，有形固定資産に限られると思われがちですが，ソフトウェアのような無形固定資産でも可能です。例えば，担当部門を訪問し，パソコン上でソフトウェアを立ち上げてもらうことで実在性を確認できます。また，稼働状況も質問でチェックできます。

私の経験では，ある会社で，営業管理のソフトウェアを購入したものの，結局，現場では使用することなく未稼働というケースもありました。

(4) 税理士が発見した場合の対応

税理士が，固定資産管理ソフトへの入力漏れを発見した場合，追加入力するよう経理担当者に伝えましょう。この場合，固定資産管理ソフトへの入力に関する管理体制の改善を検討することになります。例えば，購入依頼の稟議の決裁後，注文した固定資産が固定資産管理ソフトに入力されているかどうかについて，上長がチェックすることを指導することも必要でしょう。

一方，固定資産管理ソフトからの消去漏れがあった場合も，すぐに削除するよう経理担当者に指示しましょう。この場合，仕訳では，固定資産を除却したという扱いになり，固定資産除却損が計上されることになります。

しかし，この固定資産除却損は，上記(2)②のように，除却の事実が確認できないので，損金の額に算入することは難しいと考えられます。もし，損金算入していた場合には，税務調査で指摘される可能性が高いため，その点を会社側に伝えた上で，法人税の計算上は否認しておきましょう。また，固定資産の実物管理ができていなかったわけですから，実査を行って，現物の実在性を把握することの必要性を説明しましょう。

2 修繕費の処理誤り

　修繕費の論点は，資本的支出とすべきものを一時の損金としていないかどうかが主な論点となります。対象となった固定資産の価値を高める，あるいは耐久性を増すと認められるものは資本的支出となります。資本的支出とすべきものを損金の額とすると，法人税法上，減価償却超過額となる部分は損金とは認められなくなります。

(1)　異常点の表れ方

□　前事業年度と比較して多額の修繕費が計上されている

□　稟議書に修繕費であることの根拠を示していない

□　会社が，社内のすべての事業部門に対して，修繕費の税務上の要件を説明していない

---

(2)　異常点の見つけ方

①　前期比較や月次試算表のチェックを行う

　前事業年度と比較して，多額の修繕費が計上されているときは要注意です。これについては，前期比較をして見つけることができます。

　また，ある月において，1度に多額の修繕費が計上されている場合も注意するとよいでしょう。この場合は，毎月の月次試算表や仕訳データのチェックで見つけることになります。

　もちろん，原状回復等のための修繕費であることも少なくありませんが，修繕費は税務署も注目する論点です。大きな額が出ている場合は，資本的支出に該当しないかどうかを検証します。

②　稟議書をチェックする

　一時の損金として認められる要件である，固定資産の通常の維持管理又は

原状回復のための支出であるかどうかは，現場の担当部署が作成した稟議書や工事業者による見積書・請求書などが判断材料となります。現場の状況やクライアントの担当者の専門的な見解を総合的に確認しないと，修繕費として処理してよいかどうかの妥当性が判断できないためです。

　そして，稟議書に原状回復などの修繕費としての根拠が記載されているか，また，その内容が合理的であるかどうかを判断しましょう。稟議書に根拠の記載がなく，例えば，経理担当部署で独自に判断しているような場合は注意したほうがよいでしょう。

(3)　クライアントによる事前対策

①　社内全体で税務上の要件を共有する

　修繕費は税務調査で論点になりやすいので，修繕費として処理できる要件を社内のすべての事業部門で共有しておくことが有効です。もちろん，税法上の細かい規定まで一般の従業員がマスターする必要はなく，最低限でよいでしょう。

　私の経験では，例えば，機械について部品の交換などを行うことがありますが，現場の専門的な見解も踏まえないと，それが原状回復なのか，耐久性の増加なのか判断がつきにくいということがありました。このようなとき，経理担当部署だけでなく，現場の従業員による判断も大事になるのです。

②　経理担当部署が各事業部門に指導する

　このような全社体制を確立するためには，税務上の修繕費の要件に詳しい経理担当部署が，各事業部門に，法人税法上の要件のほか，誤りやすい事例などを指導することが考えられます。社内向けの研修を行うことも一法でしょう。

(4)　税理士が発見した場合の対応

　資本的支出とすべき支出を修繕費として一時の損金にしていた場合，固定資産に修正してもらい，減価償却費を計上するようにしてもらいます。もし，

修繕費のままであれば，別表四で加算して翌事業年度以後，認容減算することになりますが，計算が面倒となるデメリットがあります。

また，修繕費とした判断の誤りの原因についても検証しましょう。会社が何も考えずに修繕費としたのか，法人税法上の要件を踏まえた上で判断誤りをしたのかで対策も変わってきます。

何も考えずに修繕費としていた場合は，法人税法上の要件を伝えて，経理担当部署をはじめ，全社で共有してもらう必要があるでしょう。一方，要件を踏まえて誤っていた場合は，高度な判断が要求されるケースの可能性があるので，迷ったら税理士に相談する体制としてもらうとよいでしょう。

〈小規模会社での対策〉

税理士側で手続書を示す

　小規模な会社だと，経理人材の不足により，税法上の判断基準を知らない，あるいは修繕費の判断を自社で行うことが難しい場合があります。このような会社では，修理に関する支出であれば，すべて修繕費にするケースが見られます。

　そこで，小規模な会社の場合には，税理士が，あらかじめ判断の指針（維持管理や原状回復に当たるかどうか）のほか，少額（20万円未満）の場合や，おおむね3年以内の期間を周期として行われることが既往の実績やその他の事情から見て明らかである場合は修繕費としてよいといったことを，文書で伝えておくとよいでしょう。

　その文書に従って，ある程度マニュアル的に判断できるようにしておけば，何でもかんでも修繕費とすることは少なくなります。その上で，迷ったら税理士に相談する体制にするとよいでしょう。

第Ⅱ章　勘定科目別の異常

3　修繕費の架空計上

　修繕費は役員や従業員による架空計上のリスクも高い科目です。手口は，例えば，カラ工事によって会社に修繕費を支出させ，取引先からキックバックしてもらうというものです。架空費用は法人税においては損金とはならず，また，課税仕入れではないので消費税の計算の修正も必要となります。さらに，修繕費は水増し取引のリスクも高い科目です（水増し取引については本章⑰ *1* で説明します）。

(1)　異常点の表れ方

> □　工事業者が出入りした様子がない
> □　工事完了報告に写真がついていない
> □　直す必要がないと思われるところを「修繕」している
> □　修繕担当者が１人で工事業者と契約している
> □　同じ業者と小規模な契約が何度も続いている

(2)　異常点の見つけ方

　修繕費の架空計上の見つけ方は，修繕した場所を視察し，工事の実施の有無をチェックすることです。理由は，言うまでもなく，本当に修繕したかどうかを目視で確かめるためです。

　「簡単ではないか」と思われるかもしれませんが，地理的に離れている支店，事業所，店舗，子会社になると，視察を十分に行うことができなくなる可能性が出てきます。

　とはいえ，カラ工事をあぶり出すには現場を見ることが一番です。そこで，十分な時間や人手がない場合は，金額的重要性が高いものについては必ず視察を，低いものについては現場の写真でチェックするという方法も考えられ

91

ます。

(3) クライアントによる事前対策

① 現場に赴いて確かめる

修繕については，経理担当部署が現場を訪れて，工事の実施の有無を確かめましょう。地理的に離れている支店や工場などでも必ず確かめるようにしましょう。

② 写真を撮影する

会社側で修繕前と修繕後の写真を撮影し，保管するというルールを定めることも有効です。これによりカラ工事を思いとどまらせる効果も出てきます。

③ 工事完了報告書を入手する

工事業者からは，工事完了報告書を入手します。この工事完了報告書には修繕前と修繕後の写真も付けてもらいます。工事完了報告書は納品書に相当するものですから，これがなければ，経理担当部署は工事業者に代金を支払ってはならないというルールにします。

④ 発注依頼者と発注担当者を別の人にする

発注に関しては，発注依頼者と発注担当者は別の人にすることが重要です。

架空取引は，発注依頼者が自分で作ったペーパーカンパニーへの発注や，工事業者との癒着によって発生します。発注依頼者が発注を担当すると，相見積りも行わず特定の業者と結託するおそれがあるのです。

(4) 税理士が発見した場合の対応

税理士が架空の修繕費を発見した場合，その架空の修繕費は，法人税法においては損金の額とは認められませんから，その修繕費の計上は取り消してもらうようにします。もし，取消しに応じない場合は，顧問契約の解除も検討すべきでしょう。

また，会社にはすぐに報告し，内部で調査委員会を立ち上げてもらうなどして，カラ工事を発注した本人を調べる体制を作ることを提言します。特に，

お金がどこに流れたのかを調べてもらうことが重要です。

　役員や従業員による横領である場合，法人税法上，損害賠償請求権に関する収益を計上することになり，会社が支払う税額が増加します。また，延滞税や過少申告加算税も発生し，会社の税負担が大きくなります。

　このような不正が発覚したとき，注意すべきは一部の人間による限定的なもの，イレギュラーなものと捉えないことです。このように捉えてしまうと，不正が再発する可能性があります。管理体制の不備を見つけて，改善することが重要です。

〈小規模会社での対策〉

> 💡**支店等に大きな権限を持たせない**
>
> 　小規模な会社であっても，修繕の有無をチェックするため，経理担当部署などが必ず視察しましょう。
>
> 　規模が大きくなくても，支店など離れた場所で行われた修繕は架空工事のリスクがあります。特に，大きな権限を持っている支店長などがいる場合は注意するとよいでしょう。例えば，社会福祉法人では，もともと「地域ありき」という考えがあり，施設長が大きな権限を持つ傾向にあります。
>
> 　このようなところでは，ときどき，本店・本部の人間が介入しにくい状況ができてしまっていることもあります。権限の移譲は大切ですが，権限を持たせすぎることは問題です。
>
> 　本店・本部が管理できるよう，権限のバランスには注意しておきましょう。

4 架空の廃棄と除却損

　固定資産の除却損は，架空計上による利益操作が行われるリスクがあります。架空計上された除却損は，法人税法上，損金とは認められないため，法人税の税額計算に影響が出ます。また，スクラップの売却収入を簿外で処理して，代金を着服する，あるいは会社が裏金を作るというケースもあります。これは売上の除外となりますので，仮装・隠蔽行為とされる可能性が高く，税務上，重加算税が課されるなど大きな問題となる可能性が高くなります。

(1)　異常点の表れ方

> □　廃棄証明書がない
> □　廃棄に関する稟議書が作成されていない
> □　廃棄対象となった固定資産の写真がない

(2)　異常点の見つけ方

①　廃棄証明書の有無をチェックする

　異常点の見つけ方の1つは，廃棄証明書の有無の確認です。

　固定資産の除却損は架空計上のリスクがあります。保有している資産を隠して簿外にし，廃棄したと見せかけて除却損を計上すれば純利益を減らすことができて，税金の減少につながってしまうためです。

　そこで，廃棄の事実を確かめることになりますが，そのときに必要なのが，廃棄業者から発行された廃棄証明書です。これがないと，固定資産の廃棄の事実がわかりません。また，固定資産の除却損を計上した事業年度内に廃棄を行ったことを確認する点でも重要です。廃棄業者からの請求書だけでは，廃棄物の内容，廃棄した事実，廃棄日に関して証拠力が弱くなります。

94

第Ⅱ章　勘定科目別の異常

② 稟議書を閲覧する

　固定資産を廃棄するときは，社内規程に基づいて，廃棄に関する決裁を得ることが重要です。廃棄を誰でも自由に行うことができると，固定資産を廃棄したように見せかけて，横流しを行うリスクもあります。スクラップ品などはその典型例です。そのため，廃棄に関する稟議書も閲覧しましょう。

③ 廃棄資産の写真を閲覧する

　固定資産を廃棄するときは，通常，自社で廃棄品の写真を撮影します。書面上の処理だけで，撮影した写真がない場合は，何を廃棄したのかが目視でわかりません。もし廃棄写真がない場合には，その理由を質問するとよいでしょう。

(3) クライアントによる事前対策

① 廃棄業者は信用性が高いところを選ぶ

　廃棄業者は，廃棄する固定資産を確実に廃棄することができる，信頼できる業者を選ぶことが重要です。また，産業廃棄物に関する廃棄業者については，必ず許可証の写しを入手しましょう。

② 廃棄のルールを定める

　廃棄を行うときは，廃棄する固定資産や廃棄理由などを記載した稟議書を作成し，社内で決裁を得るようにしましょう。固定資産の廃棄が個人の判断で勝手に行われないようルールを定め，廃棄までの経緯も明らかにしておくことが重要です。

③ 廃棄証明書は必ず入手する

　廃棄証明書は，廃棄の事実を証明する書類なので必ず入手するようにしましょう。そのためには，廃棄業者を選ぶときに，廃棄証明書を必ず発行する業者を選びましょう。産業廃棄物については，「マニフェスト」と呼ばれる産業廃棄物管理票の写しの送付を受け，保管しておきましょう。

④ 廃棄の際は複数人が立ち会う

　固定資産の廃棄は横流しのリスクがあります。そのため，廃棄時には，必

ず経理担当部署などの人も立ち会い，確実に廃棄業者に引き渡されたことを
社内の第三者が確認しましょう。

⑤　廃棄品の管理を徹底する

　廃棄する固定資産は，社外に勝手に持ち出せないようにするため，社内や
工場内で厳重に管理することが重要です。特に，金属くずなどのスクラップ
品は比較的持ち出しやすいので，工場内の決まったスペースに集めて管理す
るようにしましょう。できれば，施錠できる箱や倉庫がよいでしょう。工場
外に置くと持ち出しのリスクが高くなります。スクラップの持ち出しは，簿
外売却による着服や裏金作りにつながるので，その管理は重要です。

(4)　税理士が発見した場合の対応

① 仕訳の取消しを要請する

　もし，架空の除却損を発見した場合，その除却損は法人税法上，損金の額
とは認められないので，修正仕訳で取り消してもらうようにします。その指
示を受け入れてもらえない場合は，顧問契約の解除も検討すべきでしょう。

　役員や従業員による横領の場合，法人税法上，損害賠償請求権に関する収
益を計上することになるので，会社の法人税が増加します。また，延滞税や
過少申告加算税も発生することになります。さらに，架空の除却損は，仮
装・隠蔽となると，重加算税が課される可能性もあります。

② 廃棄証明書の入手を徹底してもらう

　クライアントが廃棄証明書を入手していない場合，まず，これまでの廃棄
に関しては，代替資料として，稟議書，請求書などを整理・保管し，廃棄の
事実を証明できるようにしておくことをアドバイスしましょう。

　次に，廃棄証明書については，次回からは必ず入手するようにすること，
また，廃棄証明書を発行する業者と契約することをアドバイスしましょう。

③ 管理体制構築の指導を行う

　稟議書など廃棄に関する申請を行っておらず，特定の部署や個人が独断で
廃棄を行っている場合は，廃棄に関するリスクの認識が強くないといえます。

第Ⅱ章　勘定科目別の異常

このような場合は，税務上のリスク，横流しのリスクがあるなど，その重要性を説明するとよいでしょう。

また，すべての役員，従業員に対して，廃棄にはリスクがあるためルールを確立し，遵守する必要があるということを，研修などを通して認識してもらうようにしましょう。

④　損益チャラでも不可であることを説明する

スクラップの売却代金は，簿外処理されて裏金となるリスクがあります。

実際に，スクラップの売却代金を収益に計上せず，全額を飲食費として費消した会社があったようです。この場合，売却代金の全額が飲食費として費消されたのだから，損益ゼロとなって問題はないと考える人がいるかもしれませんが，税務においてそのような考えが通じるわけがありません。収益を意図的に仮装・隠蔽したのですから，重加算税が課される可能性が高くなります。

このような思い違いをしているところもあるかもしれないので，使い切ったら問題ないという考えは誤っていることも説明しておくとよいでしょう。

〈小規模会社での対策〉

💡**小規模な会社であってもルールの確立と遵守を**

小規模な会社は廃棄のルールが確立されていないことがあります。例えば，廃棄証明書の入手については，「廃棄証明書はもらっていません。請求書ではダメなんですか？」と言われることもあります。また，廃棄業者への引渡し時に複数人が立ち会っていないことも珍しくありません。

しかしながら，固定資産の廃棄は，税務リスク，役員・従業員の不正リスクが高い手続なので，その旨をしっかりと伝え，ルールを確立してもらうようにしましょう。

小規模な会社であっても，ここで説明した事項はすべて実行してもらうべきだと考えます。

97

6 　前払費用の異常

前払費用とすべき支出は，法人税法上，損金の額に算入されませんが，会計処理誤りにより全額を費用処理し，損金の額に算入してしまう誤りがあります。保険料，保証料あたりは注意が必要です。

(1)　異常点の表れ方

> □　保険料や保証料について多額の費用が計上されている
> □　補助科目残高表の前期比較をすると同じ額のものがある

(2)　異常点の見つけ方

①　試算表の前期比較を行う，月次推移表をチェックする

試算表を見て，火災保険料や信用保証協会に関する保証料について，ある事業年度において突然多額の費用計上がされている場合は，前払費用の計上の失念の可能性があります。これらの科目は，2年以上の契約となるケースが多く見られるためです。

②　契約書を閲覧する

火災保険料や信用保証協会に関する保証料などについては，契約書を閲覧して，契約年数を確認しましょう。

③　補助科目残高表の前期比較を行う

補助科目残高表について，前期と当期の残高を比較して，同じ取引先の残高が前期と同じで変化していない場合，前払費用の費用への振替を忘れている可能性があります。前払費用の費用への振替を忘れた場合，損金の額が減少してしまうので，税額が増加してしまいます。

第Ⅱ章　勘定科目別の異常

(3)　クライアントによる事前対策

①　稟議書には契約期間を明記する

　契約に関する稟議書を作成・回付するときは，契約期間を明記してもらい，契約書のコピーも貼付してもらうとよいでしょう。

　もちろん，経理担当部署にも回付されるようにします。仕訳を作成するときは，これらに基づいて契約年数を確認します。

②　前払費用の補助科目を作成する

　前払費用についても補助科目を設けて，補助科目残高表を作成するようにしましょう。補助科目がないと，複数の取引先に関するものが混在し，費用の振替漏れの原因になります。

③　摘要欄には契約期間を明記する

　保険料，保証料，これらに関する前払費用を計上したとき，摘要欄に契約期間を明記するとよいでしょう（「期間24.04〜26.03」など）。契約期間が仕訳上でわかるようにすれば，前払費用の計上漏れのリスクは小さくなります。

(4)　税理士が発見した場合の対応

　前払費用の計上漏れがあった場合，費用に計上している部分は損金とは認められないため，決算整理仕訳で翌事業年度分以後に対応する部分を前払費用に振り替えてもらいます。また，補助科目がないときには，作成してもらい，取引先別の残高がわかるようにします。

　小規模な会社では，前払費用に限らず，補助科目を設定していないところがよく見られます。その理由としては，経理担当者が会計ソフトにそのような機能があることを知らないケースが多いです。このような場合は，税理士が会計ソフトの使い方を指導し，補助残高の整理を行うとよいでしょう。

99

⑦ 貸付金の異常

　子会社や役員・従業員に対して，経済的合理性がないにもかかわらず，利率ゼロあるいは通常よりも低い利率で貸付けを行ったときは，通常適用すべき利息との差額は，法人税法上，寄附金や給与となる可能性があります。この寄附金や給与の計上を失念すると法人税の税額計算に影響が出ます。

(1) 異常点の表れ方

> □　貸付金の本数と受取利息の仕訳の本数が一致しない
> □　貸付けに関する稟議書に税務上の論点を検討した形跡がない
> □　金銭消費貸借契約書や貸付金管理表を作成していない

(2) 異常点の見つけ方

① 貸付金と受取利息の対応をチェックする

　貸付金の本数と受取利息の仕訳の本数が一致しないときは，無償貸付けが含まれている可能性が高くなります。新しく契約したクライアントでは，このような見方をして確かめるとよいでしょう。

② 金銭消費貸借契約書と稟議書を閲覧する

　新しい貸付金が発生したときは，金銭消費貸借契約書を閲覧しましょう。このとき，稟議書も合わせて閲覧し，クライアントが税務上の論点について検討したかどうかを確認します。検討していない場合は，税務上の論点をクリアしていない可能性があります。

③ 貸付金管理表を閲覧する

　通常の企業であれば，貸付金の管理表を作成していますので，この管理表の閲覧により，利率の比較をすることができます。

100

第Ⅱ章　勘定科目別の異常

⑶　クライアントによる事前対策

①　貸付けを行うときは税務上の論点を検討する

　子会社や役員・従業員に対する貸付金は，寄附金や給与が発生する可能性があるので，貸付けを行うときは必ず税務上の論点を検討するようにしましょう。例えば，チェックリストを作成し，無利息としていないか，設定利率と通常利率との比較を行っているかといった税務上の論点をクリアしているかどうかを確かめるとよいでしょう。

　また，後述しますが，社内で検討する場合であっても，同時に顧問税理士にも確認する体制とすることが望まれます。

②　通常利率を確立する

　低利貸付けについて検討する要素の1つに，比較の対象となる通常利率の設定があります。設定方法としては，現在融資を受けている金融機関からの借入利率や長期プライムレートなどが想定されます。これらを基礎に，会社における算出方法を確立しておきましょう。

③　契約書は必ず作成する

　子会社や役員・従業員に対する貸付けでも，金銭消費貸借契約書を作成することが重要です。身内であることから金銭消費貸借契約書を作成しないケースも見受けられますが，貸付条件が不明確になるため，必ず作成するようにしましょう。また，貸付金管理表も作成して，残高等を管理しましょう。

④　原則として低利貸付けは行わない

　低利貸付けを行うと，税務上は寄附金や役員・従業員給与の問題が出てきます。給与になると源泉所得税や定期同額給与の問題も出てくるので，煩雑となります。したがって，原則として低利貸付けは行わない方針とするほうがよいでしょう。

⑤　取締役会決議を得る

　貸付けには貸倒れのリスクがあるため，金額によっては会社の業務に重大な影響が出てきます。利息も含めて回収できるよう，取締役会で慎重に検討

101

しておきます。

⑷　税理士が発見した場合の対応

①　社内での検討を確認する

　低利貸付けを発見した場合，通常利率との差額について，クライアントが寄附金や役員・従業員給与の検討をしたか確かめましょう。その検討をしていない場合，上記⑶①のような税務上の論点をクリアしていない可能性が高いので，クライアントに説明し，税務処理の修正の可能性を伝えましょう。

　また，子会社貸付けについては，「子会社等を整理する場合の損失負担等」や「子会社等を再建する場合の無利息貸付け等」のように，寄附金に該当しないものもあります（法人税基本通達9－4－1，9－4－2）。クライアントによっては，「法人税基本通達のケースに該当しないんですか？」と聞かれる場合もあるので，該当しないときは，その理由を丁寧に説明しておきます。

②　貸付前に指摘できる体制にする

　低利貸付けは，貸付けが行われた後に修正仕訳を作成すると何かと煩雑になります。特に役員給与の場合，定期同額給与に抵触することになるので，期末時に指摘すると「それは困る。何とかならないのか？」と言われる可能性が高くなります。源泉所得税の処理も経理担当部署に負担がかかります。

　そのため，低利貸付けのみならず，子会社や役員・従業員に対する貸付けを行うときは，クライアントが内部で税務上の論点を検証する場合であっても税理士にも連絡してもらい，共同で確認する体制とするのがよいでしょう。

③　立替金，仮払金も検討する

　クライアントによっては，貸付金勘定ではなく，立替金や仮払金で処理していることもあります。しかし，このような場合も実態が貸付金であれば，利息の問題が発生しますので，税務上の論点を指摘するようにしましょう。

第Ⅱ章　勘定科目別の異常

8　有価証券の異常

　投資有価証券を取得した場合は，法人税法上，購入手数料など購入に要した支出を取得原価に含める必要がありますが，これを費用計上すると，損金の額には算入できないので，法人税の計算において問題となります。また，債券を購入した場合に発生する経過利息は，有価証券利息の借方計上としますが，これを取得原価に含めているケースがあります。有価証券利息を正しく計上しないと，消費税の課税売上割合の計算に影響が出ます。

(1)　異常点の表れ方

> □　有価証券購入時に「支払手数料」などの費用勘定が発生している
> □　債券購入時に経過利息を取得価額に含んでいる
> □　償却原価法による有価証券利息の総額が，額面額と購入額の差額と一致していない

(2)　異常点の見つけ方

①　月次試算表，取引報告書を閲覧する

　月次試算表を見て，投資有価証券が増加した月と同じ月に支払手数料も増加しているときは，取得原価について注意するとよいでしょう。

　投資有価証券を購入したことがわかれば，証券会社が作成した取引報告書や購入に関する明細書を閲覧してみましょう。このときに購入手数料の発生の有無を確認します。そして，振替伝票を閲覧して，購入手数料などの諸費用が投資有価証券の取得原価に含まれているかどうかを確認します。

　なお，投資有価証券を取得するために要した通信費，名義書換料の額については，取得原価に含めないことができます（法人税基本通達2－3－5）。

103

② 取引報告書で経過利息をチェックする

　国債などの債券の購入においては，購入手数料は発生しませんが，既発債であれば，通常は経過利息が発生します。経過利息は，借方に有価証券利息を計上する必要がありますが，経過利息を取得価額に含めて処理しているケースが見受けられます。

　この場合も同じく，取引報告書や購入に関する明細書を閲覧して経過利息の有無を確認し，振替伝票を閲覧して，仕訳が正しく行われているかどうかを確認します。

⑶　クライアントによる事前対策

①　仕訳形式で手続書を作成しておく

　一般に，投資有価証券の購入は頻繁に行うものではないので，仕訳の作成方法を忘れがちです。そこで，仕訳の形式を示して，どのような支出を取得原価に算入するのかといった点を整理した手続書を作成しておくとよいでしょう。

②　購入時の取引報告書を確認する

　投資有価証券を購入したときに証券会社から発行される取引報告書を確認し，取得にかかった金額を把握しましょう。

　通常，手数料なども記載され，購入金額の総額がわかりますので，このような資料を基礎に会計処理を行いましょう。

③　経過利息の有無は必ずチェックする

　国債などの債券を購入したとき，既発債であれば通常，経過利息が発生しますので，証券会社の計算結果の適否についてチェックしましょう。

　経過利息を取得価額に含めてしまうと，その事業年度の有価証券利息が過大になります。消費税法上，有価証券利息は非課税売上げなので，課税売上割合に影響が出ます。その結果，控除対象仕入税額の計算に影響が出ることになるので注意しましょう。

　また，償却原価法を適用する債券の場合，取得価額の計算を誤ると，償却

原価の額も変わってきます。相手勘定は有価証券利息なので，こちらも計算を誤ると，課税売上割合が変わって，控除対象仕入税額の計算に影響が出てしまいます。

④　財務担当部署と経理担当部署は情報を交換する

　財務担当部署と経理担当部署が分かれている会社の場合，定期的にミーティングを行い，投資有価証券の購入状況や売却情報を共有しておくとよいでしょう。また，経理担当部署が指導することで，財務担当部署においても，投資有価証券の取得価額について法人税法上の取扱いを把握しておくとよいでしょう。お互いに，購入手数料は取得原価に算入して，費用計上しないという認識を持っておくことが重要です。

(4)　税理士が発見した場合の対応

①　購入手数料などは取得原価に含める

　クライアントが投資有価証券の取得価額の算定を誤っていることを発見した場合には，購入手数料などは，法人税法上，損金の額には算入できないので，これらを取得原価に入れる修正仕訳を入れてもらいます。

②　経過利息は借方に有価証券利息を計上する

　経過利息を投資有価証券の取得原価に含めていることを発見したら，その経過利息について有価証券利息の借方計上となるよう，次のような修正仕訳を入れてもらいます。

（借方）有価証券利息　　　…………	（貸方）投資有価証券　　　…………

　有価証券利息は非課税売上げなので，取得原価に含めたままだと課税売上割合が過大となり，クライアントは消費税の計算上，不利になってしまいます。

　また，償還期間までの償却原価も，あるべき金額と異なってしまいます。償却原価法では，償却原価の相手勘定として有価証券利息を計上するので，額面未満の金額で購入した場合に経過利息が取得原価に含まれたままだと，

償却原価と有価証券利息の過少計上となり，逆に，額面超の金額で購入した場合だと過大計上となります。

③　簡単な手続書を作成しておく

　投資有価証券の会計処理が誤っていることを発見した場合，クライアントが投資有価証券の購入に関する手続書を作成しているかどうかを質問してみます。もし，手続書がなかった場合，税理士側で上記(3)①のような手続書を作成して，クライアントに渡すとよいでしょう。次の例は簡単に記載したものですが，ここに数値例を入れるとわかりやすくなります。

【有価証券の購入に関する手続書の例】

有価証券の会計処理手続

　株式，債券を取得したときは以下の会計処理を行うこととする。

①　株式の取得

　　（借方）投資有価証券※　　………　　（貸方）普 通 預 金　………

　　※投資有価証券勘定には，購入手数料を含める。

　　※名義書換料は含めない。

②　債券の取得

　　（借方）投資有価証券　　………　　（貸方）普 通 預 金　………

　　　　　　有価証券利息※　………

　　※経過利息は有価証券利息の借方計上とする。

第Ⅱ章　勘定科目別の異常

9　買掛金の異常

1　残高がマイナス

　買掛金残高のうち，一部の取引先に関する残高がマイナスとなっていることがあります。これは，過払いや二重払いが原因であることが多いです。しかしながら，「過払い」と称しつつ，実質的に貸付金である可能性もあります。その場合には，法人税法上，通常収受すべき利息との差額について寄附金と受取利息の計上が必要となってきます。

(1)　異常点の表れ方

□　補助科目残高表や勘定科目内訳明細書に掲載されている取引先別の残高の中にマイナスとなっているものがある

(2)　異常点の見つけ方

①　過払いや二重払い等のケース

　事業年度末の補助科目残高表や勘定科目内訳明細書を閲覧して，取引先別の残高を見てみます。そのとき，マイナスの残高となっている取引先がないかどうかをチェックします。

　もし残高がマイナスの取引先があれば，❶過払いや二重払いとなっていた，❷仕訳を作成するときに補助科目を誤った，❸前期末の買掛金残高が誤っていた，❹振込先を誤った，というケースが考えられます。

　ある会社では，勘定科目内訳明細書を見ると，買掛金残高がマイナスとなっている取引先が複数ありました。理由を尋ねると，誤って二重払いをし

107

ていたということでした。

② 実質的な貸付金のケース

一方，支払いのミスと言いつつ，実は実質的な貸付金と推察されるケースもあるので注意すべきです。このような場合は，その後の顛末を観察するとよいでしょう。

過払いや二重払いであれば，次回の買掛金の支払時は減額あるいは支払いなしということになるのが通常ですが，それが行われていないケースは注意したほうがよいと思います。特に，過払額が多額の場合は要注意です。多額であれば，さすがに取引先も一括返金することが通常ではないかと思いますが，それがすぐに返金されない場合は何かある可能性が高いでしょう。

世の中の会社には，「貸付金」勘定を使わずに貸付けを行っているところがあります。なぜかというと，「貸付金」という勘定科目が計上されていると，金融機関から融資を受けにくくなるからです。融資したお金が別の会社に流れることを金融機関は厳しくチェックします。そのため，会社側は融資を断られないよう，「貸付金」という勘定科目を出さずに，他の科目でカモフラージュするわけです。本章 7 のように立替金，仮払金といった科目もそうですし，買掛金の過払いを装って他社に融資するという可能性もあります。

(3) クライアントによる事前対策

① 二重払い対策を行う

二重払いを防止するためには，例えば，紙の請求書の場合，支払いが終わったら，支払済みであることがわかる記載やスタンプの押印を行うという事務的な工夫をするとよいでしょう。

② 買掛金管理台帳を作成する

過払いや二重払いをしてしまわないようにするためには，買掛金の管理台帳を作成して支払いや残高の管理をすることが有効です。補助科目を設けて会計帳簿上で管理するという方法もあります。

第Ⅱ章　勘定科目別の異常

③　発生主義による月次決算を行う

仕入，購買に関しても月次決算において発生主義による会計処理を行うようにしましょう。月次で買掛金管理台帳を作成し，支払日や残高などを管理しておけば，期末時に誤るリスクは低くなるでしょう。

④　総合振込のチェック体制を確立する

総合振込を行うときは，請求書の金額とデータの振込額，振込先をダブルチェックするようにしましょう。また，経理担当者と振込担当者は別の人にすることが重要です。経理担当者が振込も行ってしまうと，不正送金のリスクがあるためです。

(4)　税理士が発見した場合の対応

①　前払金へ振り替える

買掛金が過払いによりマイナスとなっている場合は，前払金勘定に振り替えます。その結果，その取引先に関する買掛金は0円となります。

【設例】

取引先A社に対する買掛金が△100となっていた。

〈修正仕訳〉

(借方) 前　払　金	100	(貸方) 買　掛　金	100

この結果，A社に対する買掛金は0円となり，前払金100が計上されます。

②　貸付金の場合は受取利息の計上を考える

もし，実質的な貸付金と判断されれば，法人税法上は，受取利息の計上が必要となります。このような買掛金の過払いを装ったような実質的な貸付金の場合は，利率の決定は行っていないと想定されるので，通常収受すべき利息に相当する額が，法人税法上，寄附金と受取利息として取り扱われることになります。

例えば，無利息貸付けを行ったものの，通常収受すべき利息は100とした場合の考え方は次のとおりです。

109

❶A社がB社に100を支出して寄附する。					
(借方) 寄　附　金	100		(貸方) 現 金 預 金	100

❷A社はB社から100を利息として受け取る。					
(借方) 現 金 預 金	100		(貸方) 受 取 利 息	100

この2つを合わせると，次の仕訳となります。

(借方) 寄　附　金	100		(貸方) 受 取 利 息	100

　この結果，法人税法では，寄附金と受取利息が計上されることになります。このような場合は，借用証書や金銭消費貸借契約書を作成してもらい，不明確なままにせず，会計上も税務上もクリアにしておきましょう。

〈小規模会社での対策〉

> 💡振込は1人でやらせない
>
> 　小規模な会社では，人員が少ないため，経理担当者が総合振込も行っているところがあります。しかしながら，経理担当者1人で振込も行うと，着服を目的とした不正送金のリスクがありますし，過払いや二重払いといった誤送金のリスクもあります。
>
> 　これを防止するためには，人員が限られている会社であっても，経理部長が立ち会うなどして，1人にすべてを担当させない工夫が求められます。また，インターネットバンキングのID，パスワードも，経理担当者ではなく，別の人が管理するようにします。
>
> 　また，同族的な会社だと，社長が振込も出金も行うところがあります。しかし，出金を社長1人でやってしまうと，不明瞭な出金が行われるリスクがあるので，その管理も別の人が行うことが望まれます。

第Ⅱ章　勘定科目別の異常

2　滞留債務

　補助科目残高表や勘定科目内訳明細書の数事業年度の推移を見て，特定の取引先に関する買掛金や未払金が同じ額のままである，あるいは徐々に増えているといった場合は，注意するとよいでしょう。この場合，資金繰りの問題で支払が滞っている場合もあれば，架空仕入や架空経費の発生に伴って計上されたという可能性もあります。架空仕入や架空経費の計上は，意図的に法人税を少なくする脱税目的もあれば，事業部門が予算消化のために行うというケースも想定されます。もし，架空仕入や架空経費の計上が発覚した場合，それらは法人税法上，損金とは認められないため，法人税の修正が必要となります。また，課税仕入れとは認められないので，消費税の修正も必要となります。

(1)　異常点の表れ方

□　補助科目残高表や勘定科目内訳明細書の中に，毎年，金額が変わらない，あるいは毎年増加傾向となっている特定の取引先がある

□　業績が好調な企業であるにもかかわらず，買掛金や未払金の支払が滞っている取引先がある

□　支払が滞っている取引先の住所がオフィス街ではなく住宅地にある

(2)　異常点の見つけ方

①　補助科目残高表や勘定科目内訳明細書の推移分析を行う

　補助科目残高表や勘定科目内訳明細書で3〜5事業年度の期間の推移を見て，買掛金や未払金の中に，同じ取引先で，金額が変わらないものや支払が行われず徐々に増加しているものがないかどうかを分析してみましょう。支払の有無については，総勘定元帳を見れば確認できます。

111

特に，業績が好調な企業であるにもかかわらず，このような取引先が発生しているときは，取引内容を確認してみるとよいでしょう。

② 残高の勘定分析をしてみる

買掛金や未払金の残高が，どのような取引から構成されているかを分析することも有効な手段です。具体的な手続は次のとおりです。

❶ 総勘定元帳や仕訳日記帳を見て，決算月に計上された金額，あるいは決算月に計上された金額とその前月に計上された金額の合計を集計する。

❷ 期末残高と❶で集計した金額を比較する。

❸ 比較した結果，差異があればその内容を調べる。

仕入や経費の支払が翌月の場合，買掛金や未払金の期末残高は，決算月の残高，あるいは決算月の残高とその前月の残高から構成されるはずです（翌月末支払の場合，決算月の末日が休日だと決算月の前月分も残高として残るため）。そこに差異があるということは，滞留している債務がある可能性が高いということになります。

③ 取引先の住所を見てみる

勘定科目内訳明細書では，相手先別期末現在高が50万円以上のものについて各別に記載し，取引先の「所在地（住所）」も記載することになります。令和6年4月1日からは，インボイス登録番号又は法人番号も記載することになったので，所在地（住所）の記載について虚偽表示のリスクは低くなりました。

ここで，滞留債務となっている取引先について，その所在地としてオフィス街ではなく住宅地と思われる住所が記載されている場合は，かなり注意したほうがよいでしょう。この場合，例えば，自分や親族が設立したペーパーカンパニーを取引相手として，架空仕入や架空経費を計上したというケースも想定されるからです。

かつての経験ですが，架空売上と架空仕入を計上している疑いがある会社がありました。この会社の売上の大口取引先数社の請求書控え，仕入の大口取引先数社の請求書に記載された会社住所を見ると，オフィス街ではなく住

買掛金（未払金・未払費用）の内訳書

科　目	登録番号 （法人番号）	相　　　　手　　　　先		期末現在高 <small>百万　　千　　　円</small>	摘　　　要
		名　称　（　氏　名　）	所　在　地　（　住　所　）		

（出所）　国税庁「勘定科目内訳明細書」

宅地でした。

　当時は，Googleストリートビューがなく，どのような環境の地域かインターネット上で事前確認できない時代だったので，私がその住所地に赴き，様子を確認しに行くことにしました。すると，予想どおり，記載された住所地にあったのは普通の家屋や居住用のマンションでした。

　もちろん，家屋や居住用マンションであっても事業を行っている会社はたくさんあります。しかしながら，この会社のケースでは，かなりの個数の商品を売買していたため，このような家屋やマンションで商品を保管することは難しいのではないかと思われました。

　後日，会社に対して，これらの取引先を実際に見てきたことを話し，通常の家屋やマンションで，あれだけの個数の商品を保管したり，発送したりできるのかと尋ねると，「これらの会社は代理店であり，手続を行うだけで，商品は直送されている」と主張してきました。しかしながら，私は実際にはモノは動いておらず，帳簿上，仕入と売上を計上しているだけではないかとみていました。

　これはあくまで一例ですが，滞留している買掛金や未払金の相手先の住所が住宅地である場合は，何かある可能性があります。

⑶　クライアントによる事前対策

　会社ぐるみの架空仕入や架空経費の計上は論外ですが，部署，事業所，支

113

店がこのような架空仕入や架空経費を計上するリスクもあります。架空仕入や架空経費を計上し，しかも債務が滞留している場合，目的としては，例えば，予算消化のために行ったということが考えられます。架空仕入や架空経費が発覚した場合，法人税の修正が必要となります。

　このようなリスクが想定されるため，会社内でも本部だけでなく，各部署，各事業所，各支店において滞留債務がないか，補助科目残高表の推移の分析は必ず行い，不審な残高を洗い出しておきましょう。また，仕入や経費の二重計上といったミスが生じないよう，毎月の残高管理も行いましょう。

⑷　税理士が発見した場合の対応

　税理士が滞留債務を発見した場合，資金繰りの悪化で支払が滞っているのか，架空仕入や架空経費を計上したためなのか，どちらの可能性が高いかを明らかにしましょう。前述のように，業績好調な企業であるにもかかわらず，滞留債務が発生している場合は，注意したほうがよいでしょう。

　また，経理担当部署が他部署などで発生した滞留債務に気づいていなかった場合，クライアントが滞留債務のチェックを行っているかどうか，債務の管理体制を調べてみることも重要です。経理担当部署のチェックがなければ甘く見られて，最初は少額だったものが，次第に大胆になり金額も膨らんできているかもしれません。

　もし，架空仕入や架空経費を発見した場合は，会計処理の修正を要請します。会計処理の修正に応じない場合は，顧問契約の解除も検討すべきでしょう。架空仕入や架空経費の計上は，意図的に所得を減少させることになる悪質な行為です。仮装・隠蔽行為とされる可能性が高く，重加算税が課されるおそれもあります。

第Ⅱ章　勘定科目別の異常

3　預り金の計上誤り

　税務における預り金の注意点は，収益とすべきものを預り金としてしまい，収益の一部計上漏れとなるリスクがある点です。収益の計上漏れがあると法人税の修正が必要となります。また，消費税法上は，課税売上げや非課税売上げの計上漏れのリスクがあり，もし計上漏れがあると消費税の修正が必要となります。

(1)　異常点の表れ方

□　不動産の賃貸を行って敷金等を預かったときに収益が全く計上されていない
□　水道光熱費等の費用がメーター等によりテナントごとに区分されていないにもかかわらず，テナントから受け入れた水道光熱費等を預り金として処理している
□　社員の社宅の家賃の社員負担分を給与から天引きしているときに預り金で処理している

(2)　異常点の見つけ方

①　賃貸契約書を閲覧する

　不動産の賃貸を行い，敷金や保証金を受け入れたとき，一部の金額は返還しないこととしていることが多いと思います。その返還しない部分については益金の額に算入します。そのため，全額が預り金として処理されているときは，収益の計上漏れを疑います。

　その上で，賃貸契約書を閲覧し，返還しない部分が明らかになっているものの有無を調べるとよいでしょう。

　また，賃貸期間開始後に一定の事由により返還しないこととなった部分の金額も，その返還しないこととなった日の属する事業年度の益金の額に算入

115

するとされています（法人税基本通達2－1－41）。この点も見逃さないようにしましょう。

② 預り金勘定の内訳を分析する

預り金勘定の内訳を分析しておきましょう。総勘定元帳のほか，勘定科目内訳明細書や補助科目残高表の閲覧により，どのようなものが預り金として処理されているかを調べておくとよいでしょう。

③ 水道光熱費等の受取状況を把握する

ビル管理会社等が，水道光熱費等を各テナントから毎月一定額で領収し，その金額から支払う場合，ビル管理会社等が受け取る料金は課税売上げとなります（消費税法基本通達10－1－14）。

一方，水道光熱費等の費用がメーター等によりもともと各テナントごとに区分されていて，かつ，預り金として処理し，ビル管理会社等は本来テナント等が支払うべき金銭を預かって電力会社等に支払うにすぎないと認められる場合は，課税売上げには該当しないこととなります（国税庁・質疑応答事例「テナントから領収するビルの共益費」）。

そのため，水道光熱費等の費用がメーター等によりテナントごとに区分されているかどうかを確認しましょう。これができていれば預り金処理は可能ですが，そうでなければ課税売上げとなります。

⑶ クライアントによる事前対策

事業として不動産の賃貸を行っている場合は，まず経理マニュアルやチェックシートに，保証金や預り金などについて返還不要の部分を収益計上しているかどうかという点を記載することが考えられます。また，不動産賃貸を担当する部署や担当者にも，返還不要の部分は収益計上することを認識させ，稟議書を作成するときに，返還不要部分の金額と会計上の取扱い，税務上の取扱いも記載するようにするとよいでしょう。

ビルの管理を行っている場合は，テナントから水道光熱費等を領収する場合の取扱いを文書化して，各ビルの会計管理を行う担当者に伝えておくとい

第Ⅱ章　勘定科目別の異常

うことが考えられます。また，領収したお金については，例えば「受取水道光熱費」といった収益勘定を設けて，わかりやすくしておくほうがよいでしょう。さらに，月次推移分析を行い，毎月計上されているかどうかを確認しましょう。うっかり預り金で処理してしまうことも想定されます。

　また，社宅家賃の個人負担分も「受取家賃」といった勘定を設け，さらに補助科目を設けて従業員別に管理するとよいでしょう。こちらも，月次推移分析を行って，毎月計上されているかどうかを確認しましょう。なお，住宅の貸付けの場合は非課税取引となるので，この個人負担分の受取家賃は非課税売上げとなります。

(4)　税理士が発見した場合の対応

　税理士が，預り金の返還不要部分について，収益の一部計上漏れを発見した場合，クライアントに説明の上，会計上，修正仕訳を入れて収益計上してもらうことになります。また，このような場合，過去の処理も誤っている可能性があるので，過去の不動産賃貸の処理についても調べた上で，修正申告の可能性をクライアントに説明します。

　テナントからの水道光熱費の受領について処理を誤っていたときも，前述のとおり，預り金から収益勘定に修正します。この収益勘定は，消費税においては課税売上げとします。過去の処理に誤りがあったときは，消費税の修正申告を検討することになります。

　社宅家賃の個人負担分が誤っていたときも，収益勘定とし，消費税においては非課税売上げとします。

　なお，認識不足による会計処理の誤りにより収益の一部が計上漏れとなった場合に修正申告を行うときは，隠蔽又は仮装でないことを文書で説明し，別添しておくとよいでしょう。

　もちろん，誤りが発生した原因を分析し，翌事業年度からは同じ誤りが発生しないよう，会計処理の体制などを改善指導することも重要です。

117

【参考】 セミナー参加費の会計処理〜預り金処理も可能

　ある協会が会員向けに講師を招いてセミナーを開催する場合，会員から受領した参加費は原則として課税売上げとなります。これは協会が会員に対してセミナーという役務の提供を行ったものと解されるためです。

　一方，「協会と会員（参加者）との間での契約などにより，セミナー参加に当たって負担する金額が，講演料の一部負担金（立替払）であることが明らかであり，かつ，講演料の総額を超える対価を受領することがないなどの場合」には，預り金として処理することも認められるとされています。

　なお，預り金で処理する場合は，会員（参加者）は立替金精算書の交付を受けることにより仕入税額控除の適用を受けることが可能となります。

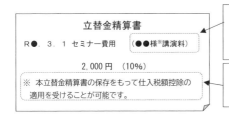

（出所）　国税庁「インボイスQ&A」問94-3（セミナー参加費に係る適格請求書の交付方法）

第Ⅱ章　勘定科目別の異常

10　借入金の異常

　借入金については，架空借入金に注意しましょう。例えば，売上の入金を借入金で処理すると，売上除外となり，所得の減少につながるため法人税の修正が必要となってしまいます。また，課税売上げの計上漏れになるので，消費税も修正となります。中小企業では社長からの借入金がある会社がよく見られますが，近年では，クラウド会計の自動仕訳で，AIが誤認識して売上入金を社長借入金にしてしまうリスクも想定されます。

(1)　異常点の表れ方

□　社長からの借入金が急激に増加している
□　社長からの借入金について金銭消費貸借契約書が作成されていない
□　社長からの借入金の管理表が作成されていない

(2)　異常点の見つけ方

①　社長借入金の増減分析を行う

　社長借入金が徐々に増加しているのではなく，急に増加している場合は注意するほうがよいでしょう。金額の大きい売上金を，社長借入金で処理してしまったというケースが想定されるからです。

　売上を借入金にする売上除外を意図的に行った場合は論外ですが，誤って処理してしまうリスクも想定されます。例えば，近年はクラウド会計により自動仕訳を行うことができますが，AIが誤って売上に関する入金を社長借入金としてしまうリスクも想定するほうがよいでしょう。普段，月次決算を現金主義で行い，入金があったときに売上を認識すると同時に，社長借入金も計上している場合，このような誤認識が発生するおそれがあります。

119

そのため，通帳やインターネットバンクの入出金データを閲覧し，社長借入金について，取引先からの入金でないかどうかを調べるとよいでしょう。

② 金銭消費貸借契約書の有無を確認する

社長借入金について，会社と社長との間で金銭消費貸借契約書を作成しているかどうかを確認する方法もあります。ただし，金銭消費貸借契約書を作成していない会社は多いと思います。そのようなクライアントでは，社長借入金とそれ以外の入出金との区分が不明確になっているリスクがあります。

③ 管理表の有無を確認する

社長借入金に関する金銭消費貸借契約書を作成していない場合でも，社長借入金に関する管理表があれば，証拠力はともかく，残高や入出金の一応の把握はできるのでまだよいでしょう。

しかし，管理表がない場合は，残高は会計帳簿に記録した金額で把握するしかないという状況になってしまいます。このような場合も，社長借入金とそれ以外の入出金との区分が不明確になっているリスクがあります。

(3) クライアントによる事前対策

① 金銭消費貸借契約書を作成する

金銭消費貸借契約書を作成し，社長と会社との財布を明確に分けることが重要です。契約書がないと，ずるずると社長借入金が増える可能性があるので，契約書の作成により節度を保ちましょう。

② 管理表を作成する

社長借入金の残高や入出金などを記録した管理表も作成するようにしましょう。社長借入金は，社長の一存で入金されるため，管理されていない会社が多く見られます。しかしながら，このようになると，売上などの入金と社長借入金が混在してしまい，実在しない架空借入金を計上してしまうリスクがあります。

③ 発生主義による月次決算を行う

月次決算を現金主義で行っている中小企業が多いですが，月次決算も発生

主義で行うことが望まれます。特に，掛取引の売上高については，月次においても売掛金を計上し，入金時は売掛金の消込とすることで，社長借入金との混同を防止することができます。

④　入金口座を分ける

売上の入金と社長借入金の入金の口座を分けるという方法もあります。特に現金売上の場合，受け取った現金を会社が預金口座に入金するため，通帳等に相手の口座名が明記されず，混同しやすくなります。そこで，口座を分ければ，混同のリスクは低くなります。

(4)　税理士が発見した場合の対応

もし，売上の入金を社長借入金としている処理を発見したら，直ちに修正仕訳を入れてもらい，売上を計上するようにします。

売上の計上漏れは重大な問題なので，このような処理となった原因を明らかにすることが重要です。振込や口座振替の場合は，預金通帳等に相手の口座名が明記されますので，それを確認すれば処理を誤るリスクは低いといえますが，それでも誤っていた場合は，請求書控えと突合していたかどうかを確認するとよいでしょう。もし，突合を行っていなかったら，確実に実施するよう指導しましょう。

また，クラウド会計で自動仕訳を行っている場合に誤っていたときは，毎月，社長借入金の総勘定元帳を必ず閲覧し，相手の口座名をチェックして売上の入金が含まれていないかどうかを確認する点をお伝えするとよいでしょう。

誤るリスクが高いのは，現金取引の場合です。こちらで誤っていた場合には，社長に入金内容を確認したかどうか，記帳時の体制を確認しましょう。また，こちらでも，請求書控えとの突合を徹底し，同時に，社長借入金管理表を作成するよう指導し，通帳等と紐づけするよう，管理体制の改善をお伝えするとよいでしょう。

 **Column**

AIによる異常点の見つけ方

　データ分析は，生成AIの進展により，従来行われてきた過去データの分析から，AIによる将来予測分析まで実現すると見込まれています。

　本書で取り上げているのは，過去データの分析ですが，もちろん，この分析においても生成AIは有効なツールとなります。例えば，本章19で取り上げている「推移の異常」のような数値のデータ分析は，生成AIを使用すれば目視で行うよりも速く，漏れなく行うことができます。

　それだけではなく，生成AIを使ったテキストマイニング（大量のテキストデータから有用な情報を抽出・分析する技術のこと）により，例えば，第Ⅰ章① *1* で紹介した「摘要欄」といったような数値以外の分野でも異常点を発見することができる可能性があります。

　例えば，生成AIに仕訳データを読み込ませ，プロンプトに次のような抽出要件を書いて指示を出します。

 過去の仕訳データの摘要欄を見て，摘要欄の書き方がいつもと異なる，あるいは，通常と異なる記載があるものを抽出してください。また，抽出理由も示してください。

　本書で紹介した摘要欄の異常点の見つけ方は目視によるものなので，時間がかかりますし，見逃しも出てくるリスクがあります。また，経験と勘も必要です。しかし，生成AIを活用すれば，大量のデータでも短時間に実行できる可能性があります。さらに，生成AIは，ルールベースの分析において，取引を特定するためのルールまで提案してくれるようです。

　このように，税務の異常点の発見も生成AIを活用すると便利になりますが，生成AIにも限界や誤りがあります。そのため，本書で示した視点を人間である税理士が把握しておくことが重要です。

第Ⅱ章　勘定科目別の異常

11　売上の異常

1　売上の計上漏れ

　売上の計上漏れは，意図的な場合は論外ですが，前受金の振替の失念など，ミスや認識誤りにより起こることもあります。売上の計上漏れは，所得の減少につながるため法人税の計算に影響が出ます。また，課税売上げの計上漏れになるので，消費税の計算にも影響が出ます。振込手数料を勝手に売手負担にされている場合も，微額ですが売上高が変わってきますし，消費税にも影響が出ます。

(1)　異常点の表れ方

> □　掛取引を行っているにもかかわらず，翌事業年度の最初の月に，現金預金を相手勘定とした売上がある（第Ⅰ章③ 1参照）
> □　売掛金がマイナスとなっている取引がある（第Ⅰ章③ 1参照）
> □　前受金が減少していない取引先がある
> □　売上金額の下3桁に10の位や100の位がゼロ以外の金額が計上されている

(2)　異常点の見つけ方

　掛取引を行っている会社において，翌事業年度の最初の月に現金預金を相手勘定とした売上があるというケースと売掛金がマイナスとなっているケースは，第Ⅰ章③ 1で説明しましたので，それ以外について説明します。

①　前受金の補助科目残高表を閲覧する

　前受金の補助科目残高表を見て，前事業年度から減少していない取引先が

123

ある場合は注意するとよいでしょう。通常，前受金は翌事業年度に収益に振り替わることが多いと思います。1年を超える前受金も見られますが，その場合も契約期間にわたって順次，収益に振り替わることが多いと思います。

したがって，前事業年度から減少していない場合は，収益への振替漏れの可能性があります。据置期間がある場合は，契約書で確認しましょう。

② 売上高の下3桁に注目する

合意があれば別ですが，通常，振込手数料は買手負担です。その振込手数料を，買手が勝手に引いた金額で売上代金として振り込んでくることがあります。このような場合，月次で現金主義で売上計上をしていると，少額とはいえ，請求金額よりも少ない金額が売上として計上されてしまいます。

業種によって異なりますが，見つけ方としては，多くの場合，販売価額の下3桁はキリのよい金額として「000」になりますので，ここに注目します。もし，10の位や100の位にゼロ以外の金額が計上されている場合，振込手数料を引いた金額となっている可能性があります。

これを仕訳で表すと次のとおりです。

【設例】

A社はB社に対して，商品を税込11,000で販売した。月末締めで代金は翌月25日に振り込まれる。また，A社は月次決算では普通預金の入金時に売上を計上している。なお，A社は適格請求書発行事業者であり，税込処理を行っている。消費税率は10％とし，振込手数料は210とする。

この場合，本来であれば，翌月25日の仕訳は次のとおりです。

（借方）普 通 預 金	11,000	（貸方）売　　　　上	11,000

ここで，もしB社が振込手数料を引いた金額で入金した場合，正しい仕訳は次のとおりとなります。

（借方）普 通 預 金	10,790	（貸方）売　　　　上	11,000
支 払 手 数 料	210		

124

第Ⅱ章　勘定科目別の異常

しかしながら，会社によっては次の仕訳で処理していることがあります。

(借方) 普 通 預 金	10,790	(貸方) 売 　 上	10,790

　この仕訳だと，請求書に記載した金額は税込11,000であるのに対して，会計上，計上される金額は10,790なので，売上高が210過少計上されることになります。これは，収益と費用を相殺処理しているので，総額主義の原則に反しています。

　このように，支払手数料と売上を相殺消去してしまうと，「10,790」と下3桁が「000」ではなく，10の位や100の位にゼロ以外の金額が表れてきます。売上高の中にこのような金額が出てきたら支払手数料を相殺した可能性があります。

(3)　クライアントによる事前対策

①　前受金管理表を作成する

　取引先別の残高や売上への振替予定月などを記載した前受金管理表を作成しておきましょう。前受金の振替は，頭の中で行うと，失念したり，計算ミスを起こしたりするおそれがあります。

　また，前受金管理表は1人ではなく，担当者と上長など複数人で管理します。売上への適切な振替や，期末残高と試算表残高との一致などにミスが出ないよう，上長がチェックしましょう。

②　月次も発生主義で行う

　支払手数料と売上を相殺処理してしまう原因は，月次決算を現金主義で行っていることにあります。また，クラウド会計では，AIがこの処理を学習してしまうと，ずっと入金額を売上高とする処理を続けてしまいます。

　そこで，繰り返しになりますが，月次決算も発生主義で行うことをお勧めします。すなわち，掛取引の場合，売掛金を計上するわけです。この売掛金の額が回収すべき金額ですから，入金額がそれよりも少ない金額であれば，おかしいことに気づきやすくなります。

125

⑷　税理士が発見した場合の対応

①　前受金の振替漏れの場合

　前受金の振替漏れを発見した場合，そのままでは売上の計上漏れとなってしまいますので，前受金を売上に振り替えるように修正を要請します。また，過年度において前受金の振替漏れがあったことを発見した場合は，修正申告を検討することになります。

　前受金の管理状況も確かめましょう。通常，勘定科目内訳明細書を作成するために，何らかの方法で残高を把握しているはずですが，どのような方法で把握しているのかを質問してみます。その上で，取引先別に前期末残高と当期末残高の動きがわかる管理表を作成してもらいます。

　このとき，さらに前受金の動きがない取引先が見つかった場合，それについても調査し，過去の税務申告においても，売上の計上漏れがなかったかどうかを確かめておくとよいでしょう。

②　振込手数料を相殺している場合

　振込手数料と売上を相殺している場合，原因の多くは，現金主義で売上を計上している点にあります。そのため，月次決算においても発生主義に変えていくことが有効な手段になります。

　しかし，期中で売掛金を計上する会計処理は，これまで現金主義で行ってきた会社からは「面倒くさい」と思われ，拒絶される可能性が高いと思います。このような場合，発生主義のメリットとして，次の点を説明するとよいでしょう。

- ❶　期中に売掛金を計上することで回収の有無を確認できる
- ❷　振込手数料を抜かれていないかどうかを確認できる
- ❸　その月の売上高を早期に把握できる

　例えば，❶については，会社が売掛金の回収状況を把握していなかったため，「ウチはちゃんと売掛金を回収できているのか？」と気にする社長に効果的です。このような場合には，期中で売掛金を計上し，回収状況を明らか

第Ⅱ章　勘定科目別の異常

にするとよいでしょう。

　また，❸については，例えば，取引先によっては，翌々月入金というケースもあります。この場合，現金主義だと売上の計上が2か月遅れとなってしまいます。

　会計処理については，継続的な取引先については，会計ソフトで1度，振替伝票を作成しておけば，あとはそのデータを複写して使うことができますので，その点を伝えるとよいでしょう。

　また，管理方法としては，請求書発行リストを毎月作成し，ここから毎月の発生金額を計上して，振替伝票に反映するとよいでしょう。

【請求書発行リストの例】

取引先名	請求内容	請求日付	請求額	入金予定日	振替日等
A社	………	○月○日	………	○月○日	○月○日
B社	………	○月○日	………	○月○日	○月○日
C社	………	○月○日	………	○月○日	○月○日
合　計			………		

【振替伝票の仕訳】（補助科目を用いて取引先ごとに作成）

（借方）売　掛　金　　………　　（貸方）売　　　　　上　　………※

※金額は請求書発行リストの請求額を反映する

　1回の金額は小さいですが，「塵も積もれば山となる」の諺のように，件数が多くなると，金額も大きくなる可能性があります。また，この場合，売上に関する消費税が過少計上され，一方で，支払手数料に関する消費税が計上されなくなるので，消費税の計算にも影響が出てきます。そうならないように，支払手数料は別立てで計上するようにしましょう。

〈小規模会社での対策〉

> 💡**振込手数料は原則，先方負担！**
>
> 　ここでは，税務ではなく，勝手に振込手数料をこちら（売手）の負担にさせられている場合の対策について説明します。
>
> 　まず，取引先との合意があれば別ですが，そうでなければ，振込手数料は振り込む側が負担するものです。それを勝手に振込手数料分を抜いて入金してくるような行為を簡単に認めてはいけません。
>
> 　「振込手数料が抜かれていることは気づいていたが，少額だからいいか，と思って……」という話を聞いたことがあります。しかし，少額でも何度も行われると多額になります。
>
> 　さらに，公正取引委員会のホームページによると，「発注前に書面で合意がない場合に振込手数料を下請代金の額から差し引くことも下請代金の減額に該当」するということなので，このような行為は下請法に違反することになります。
>
> 　対策としては，請求書に「振込手数料は貴社にてご負担ください。」と明記しておくことです。この一文を記載しておけば，振り込む側の負担であることが明確になります。
>
> 　契約を切られたくないから強く言えないという会社は多いと思います。しかし，そのままだと下請法の問題が生じますし，前述のように，会計処理によっては税務上の問題も生じます。
>
> 　下請けという弱い立場につけこんだ行為は許してはいけません。

第Ⅱ章　勘定科目別の異常

2　返品分の簿外売却

　売上の返品は，売上のマイナスとなりますが，返品を装って売上除外とするリスクがあります。また，売上の返品は，実際に返品された商品を簿外で売却し，裏金を作るというリスクがあります。簿外での売却は売上の除外となり，法人税や消費税の修正につながります。また，仮装・隠蔽と認められれば，重加算税が課される可能性もあります。

(1)　異常点の表れ方

> □　返品の手続に関するルールが定められていない
> □　返品された商品について入庫手続を行っていない
> □　期末付近に多額の返品が行われている

(2)　異常点の見つけ方

①　返品に関するルールを確認する

　返品に関しては，まずクライアントが返品の手続に関するルールを定めているかどうかを確認しましょう。毎期，一定額の返品が発生する業種であれば，規程等が定められているはずです。なぜかというと，相手先の要求をすべて受け入れて無制限に返品を行うと，会社の資産が際限なく流出してしまうからです。

②　入庫を確認する

　返品された商品が倉庫に入庫されたかどうか，入庫記録を確認することも重要です。返品された商品の入庫記録がないと，倉庫に格納する前に，簿外で売却された可能性があるためです。

　実際に，返品された商品を簿外で販売していたという事例を聞いたことがあります。その会社では，ときどき，一部に瑕疵があるキズ物が返品される

129

ことがありました。しかし，その一部の瑕疵を繕えば，通常の商品と同様となることから，その一部を繕った後の商品を簿外で販売していたということです。しかしながら，当然，これは売上の隠蔽に当たるので，税務調査の結果，重加算税が課されたのでした。

このようなことにならないように，返品された商品はその行方に注意しましょう。

③ 期末付近の仕訳を確認する

期末付近に，普段はそれほどでもないのに，急に多額の返品仕訳が行われている場合には，利益調整が行われている可能性があります。

私の経験では，売上の返品ではなく売上のほうでしたが，ある会社の子会社で，それまでほとんど売れていなかった大型機械が，ある四半期末に急に5〜6台「販売」されていたということがありました。社長に質問すると，硬い表情で要領を得ない回答だったので，怪しいと感じました。なかなか証憑も出てこないので，その売上は認めないと伝えたところ，突然，証憑が提示されました。しかし，翌四半期に，その「販売」した大型機械は返品処理されていました。

返品に限らず，期末付近に，急に，それまで見られなかった勘定科目が計上されているときは，注意するとよいでしょう。

(3) クライアントによる事前対策

① 返品に関するルールを作成する

返品に関するルールは必ず作成しましょう。返品を受け入れる基準，返金の方法，入庫記録のつけ方，返品商品の管理方法などを決めておきます。

② 返品のフローを確立する

返品を受けた後の承認手続，返品商品の受取部署，返品商品の倉庫への入庫とその確認といったフローを定め，承認，照合手続を確立しておきましょう。受取部署を決めておかないと，例えば，営業担当者が個人で返品商品を受け取り，横流しするリスクがあります。返品商品の動きを管理することが

重要です。また，どの手続でもそうですが，絶対に1人ではなく，複数人で行うことも重要です。

(4) 税理士が発見した場合の対応

① 修正仕訳を計上してもらう

返品の事実が確かめられず，返品を装った売上除外だった場合は，修正仕訳を行ってもらい，売上を適正に計上してもらう必要があります。また，返品された商品が簿外で売却されたことを発見した場合には，その売上は帳簿に計上してもらうようにします。もし，拒否された場合は顧問契約の解除も検討すべきでしょう。

② 返品に関するルールを作成してもらう

返品に関するルールがない場合は，上記(3)①のように，ルールを作成してもらうようにしましょう。返品の方針は，会社の業種によって異なるので，返品を受け入れる基準などのポイントを伝えて，会社主導で作成してもらいます。

また，返品商品が倉庫へ入庫されていない場合，返品も通常の入庫と同じく，外部から商品が入ってくるわけですから，必ず倉庫で保管し，受払記録も残すよう指導しましょう。

③ 全社レベルで体制を見直してもらう

返品された商品が簿外で売却され，裏金が作られていたという場合には，これが一部の部署で行われていて，会社の社長や役員が感知できなかったときは，全社レベルで返品に関する管理体制を整備してもらうことになります。特に，返品商品を受け入れる窓口の確立，返品商品の管理は重要となります。

一方，会社ぐるみの隠蔽の場合には，税理士が欺かれたわけですから，顧問契約の解除も検討すべきでしょう。

131

3 繰欠活用のため繰上計上

　青色申告書を提出した事業年度の欠損金は，各事業年度の所得の計算上，損金の額に算入されます。繰越控除できる欠損金額は，各事業年度開始の日前10年以内に開始した事業年度において生じたもののため，期限切れとなる場合もあります。このとき，期限切れになるともったいないという理由で，翌事業年度の売上を繰上計上して純利益を増加させるというケースも想定されます。しかし，売上の繰上計上は，翌事業年度の売上除外につながり，法人税，消費税において問題となります。

(1)　異常点の表れ方

> □　繰越欠損金の期限の最終年度に，過去の事業年度と比べて売上が増加している
> □　期末付近に売上が増加している
> □　売上総利益率が過去の事業年度と比べて上昇している

(2)　異常点の見つけ方

①　繰越欠損金の期限を確認する

　繰越欠損金を利用した売上の繰上計上は，繰越欠損金の期限切れの事業年度に行われる可能性が高くなります。そこで，別表七(一)を見て，繰越欠損金の期限切れとなる事業年度を確かめておきましょう。

第Ⅱ章　勘定科目別の異常

【別表七㈠】

欠損金の損金算入等に関する明細書

事業年度	X10・4・1 〜 X11・3・31	法人名	株式会社○○

別表七㈠

令六・四・一以後終了事業年度分

控除前所得金額 (別表四「43の①」)	1	円	損金算入限度額 (1)×50又は100/100	2	円

事業年度	区　分	控除未済欠損金額 3	当期控除額 (当該事業年度の(3)と((2)-当該事業年度前の(4)の合計額))のうち少ない金額) 4	翌期繰越額 ((3)-(4))又は(別表七(四)「15」) 5
X1・4・1 X2・3・31	青色欠損・連結みなし欠損・災害損失	●●●●●●●●● 円	●●●●●●●● 円	
X2・4・1 X3・3・31	青色欠損・連結みなし欠損・災害損失	●●●●●●●●●		●●●●●●●●● 円
X3・4・1 X4・3・31	青色欠損・連結みなし欠損・災害損失	●●●●●●●●●		●●●●●●●●●
X4・4・1 X5・3・31	青色欠損・連結みなし欠損・災害損失	●●●●●●●●●		●●●●●●●●●
X5・4・1 X6・3・31	青色欠損・連結みなし欠損・災害損失	●●●●●●●●●		●●●●●●●●●
X6・4・1 X7・3・31	青色欠損・連結みなし欠損・災害損失	●●●●●●●●●		●●●●●●●●●
X7・4・1 X8・3・31	青色欠損・連結みなし欠損・災害損失	●●●●●●●●●		●●●●●●●●●
X8・4・1 X9・3・31	青色欠損・連結みなし欠損・災害損失	●●●●●●●●●		●●●●●●●●●
X9・4・1 X10・3・31	青色欠損・連結みなし欠損・災害損失	●●●●●●●●●		●●●●●●●●●
・ ・	青色欠損・連結みなし欠損・災害損失			
	計	●●●●●●●●●		●●●●●●●●●
当期分	欠損金額 (別表四「52の①」)	●●●●●●●●●	欠損金の繰戻し額	
	同上のうち 青色欠損金額	●●●●●●●●●		●●●●●●●●●
	同上のうち 災害損失欠損金額	(16の③)		
	合計			●●●●●●●●●

この繰越欠損金は当期で期限切れとなる（5欄の翌期繰越額に斜線が入っているものが対象。なお，平成30年4月1日前に開始した事業年度において生じた欠損金額の繰越期間は9年）

②　繰欠期限切れの年の売上の伸びを見る

　それまでの事業年度は赤字続きだったのに，繰越欠損金の期限切れの事業年度になったら，急に売上が伸びて，純利益も発生したというときは注意するとよいでしょう。このようなときは，繰越欠損金を使って所得金額を0円にするために，翌事業年度の売上を繰上計上した可能性があります。

　あるいは，例えば，当事業年度に計上すべき費用について未払計上せず，翌事業年度の費用にしている可能性もあります。

③　期末付近の売上をチェックする

　このような税務上の不正を行う場合，決算数値の着地点が見える頃になる

133

期末月付近にリスクが高くなります。期末月付近の売上の増加をチェックするには、損益計算書の月次推移分析を行います（本章⑲ 1 参照）。期末月付近で急に売上が増加していて、しかも、前事業年度以前にはそのような傾向が見られなかった場合は、注意するとよいでしょう。

また、第Ⅰ章で説明したように、売上金額の数値の特徴（「,000」といった0が並ぶきれいな数字であるなど）、仕訳の摘要欄（何も記載がないなど）もチェックするとよいでしょう。

④ 売上総利益率をチェックする

もし、翌事業年度の売上を繰上計上した場合には、棚卸資産の実地棚卸高を適切に計上していれば、売上と売上原価が対応しませんから、売上総利益が繰り上げた売上分だけ増加します。そのようになると、売上総利益率が前事業年度と比較して大きく上昇します。このような、売上総利益の推移分析により異常点を発見することも可能です（本章⑲ 3 参照）。

(3) クライアントによる事前対策

期限切れとなる繰越欠損金を使い切るために売上を繰り上げて純利益を出すという行為は、通常、会社ぐるみで行われると想定されるため、会社がしっかりとした管理体制を確立することが一番です。

このとき、会社が認識しなければならないことは、「利益が増える方向だったら、税務上問題はないということではない」という点です。粉飾決算は翌事業年度の逆粉飾につながります。つまり、翌事業年度は税務上、所得の過少計算につながるわけです。これをまず、トップマネジメントが理解することが重要です。

繰越欠損金は、将来の事業年度の所得金額の計算上、損金の額に算入できるようにすることで、税負担を減らし、企業の財政基盤の安定化を図ることができるようにするものです。特に、財政基盤が脆弱な中小企業の負担を減らすことで、わが国経済の発展につながることが期待されます。

このような、繰越欠損金制度の趣旨も理解することが望まれます。

第Ⅱ章　勘定科目別の異常

⑷　税理士が発見した場合の対応

　税理士も同様に「利益が増える方向だったら，税務上問題はないというこ
とではない」という点を十分に認識しておきましょう。

　もし，税理士が，繰越欠損金の使い切りを目的とした売上の繰上計上を発
見した場合，その売上は取り消してもらい，直ちにやめさせるようにしま
しょう。このとき，「利益が増える方向だったら，税務署は何も言わないの
ではないのか。なぜダメなのか」と反論された場合は，前述のように，当事
業年度の粉飾は翌事業年度の逆粉飾につながることを説明しましょう。すな
わち，利益の付替により，2期間にわたって税務上の不正を行っているわけ
ですから，この点を強調するとよいでしょう。

　当然のことながら，このようなスキームを税理士が提案してはいけません。
税理士は適正な申告を促すようにしなければなりません。税理士は，税理士
業務を行うにあたって，委嘱者が不正に国税等の賦課若しくは徴収を免れて
いる事実や，国税等の計算にあたって隠蔽や仮装している事実があることを
知ったときは，直ちに，その是正をするよう助言しなければなりません（税
理士法41条の3）。もし抵触すると，税理士法36条に定める脱税相談等の禁止
に違反し，懲戒処分（同法45条）や罰則（同法58条）が課される可能性があ
ります。

135

12　売上原価の異常

　収益の認識基準について検収基準を適用している場合，購入側が検収を終えた時に収益を認識します。売上原価もその時点で認識することになります。つまり，出荷商品に関する棚卸資産は，その時点で売上原価に振り替えなければなりません。これを出荷時点で売上原価に振り替えてしまうと，売上原価の過大計上となります。これは損金とは認められないので法人税の計算に影響が出ます。

(1)　異常点の表れ方

- □　棚卸時に出庫済み商品について未検収品を認識する仕組みがない
- □　売上総利益率が同じ業界の平均と比べて低い傾向にある

(2)　異常点の見つけ方

①　未検収品の認識について質問する

　クライアントが検収基準を適用している場合，まず，経理担当部署に対して，出庫済み商品について未検収の商品を区分して認識しているかどうかを質問するのがよいでしょう。このとき，「はい，未検収品は区分しています」という回答があれば，大きな問題はない可能性が高いでしょう。あとは，実際に区分されているかどうかを確かめるだけです。

　これに対して，「どういうことでしょうか？」といったような曖昧な回答だった場合は，区分計上していない可能性が高いと思います。

②　棚卸表を閲覧する

　実地棚卸の結果を反映した棚卸表を閲覧し，出荷分のうち未検収のものを棚卸高に反映しているかどうかを確かめます。未検収品が棚卸表に計上され

ていない場合は，売上原価が過大になっている可能性があります。

③　業界平均値と比較する

　業界平均値については，例えば，日本政策金融公庫から「小企業の経営指標調査」が公表されています。中小企業であれば，ここに掲載されている売上総利益率の平均値と比較するとよいでしょう。

(3)　クライアントによる事前対策

　事前対策としては，棚卸時における出庫済みの商品を把握できる体制としておきましょう。そして，出庫済みの商品のうち，未検収のものと検収済みのものを，検収書を入手して区分できるようにしておきましょう。これらを棚卸表に反映させることになりますが，そのためには，部門間あるいは担当者間において，情報の漏れがないようにすることが重要です。

(4)　税理士が発見した場合の対応

　未検収品を棚卸資産に計上していなかったことが発覚した場合，その部分の金額を棚卸資産に計上し，売上原価を修正してもらいます。そのままだと，棚卸資産の過少計上，つまり売上原価が過大計上となるため，売上総利益の減少，さらには純利益の減少となり，所得の減少につながるからです。最終的には，法人税の計算に影響が出てしまいます。

　また，その原因について，管理体制が構築されていなかったのか，それとも管理体制は確立された上でのミスだったのかを確かめましょう。

　管理体制の問題であれば，出荷済み商品の検収・未検収を把握する体制を構築するよう伝えましょう。一方，ミスだった場合には，単純なミスだったのか，それとも意図的なミスだったのかを確かめるようにします。とはいえ，意図的な場合，経理担当者はなかなか真実を話さないでしょう。このような場合は，過去数年間にわたって，毎年，一定額に近い金額のエラーがないかどうかを調べてみるのも１つの方法です。同じような金額のエラーがなければ，怪しいと感じるほうがよいでしょう。

137

13　役員給与の異常

　役員給与は，会社法上，「お手盛り」防止のため，定款又は株主総会の決議によって金額を定めなければなりません。実務では，報酬総額を定めることが多いですが，この報酬総額を超えて役員給与を支給すると，超えた部分の金額は損金とは認められません（法人税法34条2項，同法施行令70条1号）。このミスは，役員給与の改定時に起こるため，予算案を作成する前の取締役会の段階で注意しておきましょう。

(1)　異常点の表れ方

> □　取締役会で役員給与の改定案を議論したとき，定款又は株主総会で定めた報酬総額について言及していない
> □　予算案を作成するときに，役員給与について，定款又は株主総会で定めた報酬総額を考慮していない

(2)　異常点の見つけ方

　会社法では，取締役の報酬額や算定方法等は，定款に定めていないときは，株主総会の決議によって定めるとされています（会社法361条1項）。これは「お手盛り防止」のためです。実務では，定款に定めることは少なく，株主総会の決議で定めることが多いですが，このとき，取締役の報酬を個別に定めるのではなく，取締役全員の報酬の総額を定め，その具体的な配分は取締役会の決定に委ねることがほとんどです。これは，個別に定めてしまうと，自分の報酬が外部からわかってしまうことを，プライバシーの面で取締役が嫌がるからです。

　このように，実務では，報酬総額を定めてその範囲内で配分するものの，

138

役員給与の増額時に，この総額を超過するというミスが起こりがちです。

異常点の見つけ方としては，役員給与改定のプロセスに着目することが挙げられます。そのためには，取締役会議事録を毎回入手し，閲覧するという方法が有効です。

役員給与を改定するときは，翌事業年度の予算を作成する前に取締役会で案が出ると思います。そのときの議事録に各取締役の改定後の役員給与額の案が記載されていれば，税理士側で計算して確認できます。

しかし，例えば「業績好調により，来期の役員給与を増額することとした。」といった記述のみで，各取締役の改定後の役員給与額の案が記載されていない場合は，報酬総額について言及した記載の有無を確認し，記載がない場合は注意するほうがよいと思います。そのときは，報酬総額を考慮したかどうかを質問して確かめるとよいでしょう。

もし例えば自分がオブザーバーとして取締役会に参加している場合は，そのときに報酬総額を考慮しているかどうかを質問して確認しましょう。

(3)　クライアントによる事前対策

役員給与の額は，前述のとおり，予算作成前の取締役会で実質的に決定されるため，この時点でチェックを機能させることが大事です。

対策としては，役員給与は，金額が変わらない場合であっても，翌事業年度の案として，毎事業年度，確認の意味も含めて決議することとします。そのときに，報酬総額を明記した役員給与一覧表を資料として提示するルールとすることが考えられます。

毎年，同じ月に同じ決議を行うルールとしておけば，報酬総額の意識づけができます。

これが，役員給与の改定時だけ議案となる場合は，報酬総額に気づきにくくなります。多くの会社では，役員給与の改定については，社長のほか，副社長，専務あたりで内々に案が決まり，「○○年度の役員報酬について」という議案が記載された議案書が通知されると思います。この時点で，経理担

当役員が報酬総額との関係に気づけばよいですが，これは個人の注意力次第です。もし，経理担当役員も他の役員も気づかなかった場合は，そのまま決議されてしまいます。

この後，予算案の作成時点で，経理担当者がチェックすれば何とか間に合いますが，その場合でも，次回の取締役会で，役員報酬案を変更するか，報酬総額を変更するかのどちらかの対応を行う必要があり，予算作成に影響が出ます。

毎年，金額の変更がない場合でも，役員給与は取締役会で確認し，全員が報酬総額について意識を持つようにして，超過のリスクを小さくするのがよいと思います。

⑷ 税理士が発見した場合の対応

取締役会議事録の閲覧や質問により報酬総額が超過していることを発見した場合，当然のことながら，超過している旨を伝えます。そして，対応策として，役員給与の予定額を変更するか，報酬総額を変更するかのどちらにするかを提案します。

なお，報酬総額の変更は慎重にすべきことも伝えます。業績好調で，株主への配当も増額しているという状況であればよいですが，そうではない場合に報酬総額の変更を行うと，株主から不満が出る可能性が高いからです。中小企業の株主総会では，株主が積極的に発言する場面が多く見られます。業績不振の会社では，株主総会が荒れることも珍しくありません。したがって，株主の状況を鑑みて慎重に決めましょう。

もし，報酬総額の増額をする場合は，株主総会の招集の決定を行う取締役会で，議題・議案を定めることを伝えましょう（会社法298条1項2号）。

第Ⅱ章　勘定科目別の異常

14 給与・賞与の異常

　近年は，人的資本や多様性を重視する傾向が強くなり，多様な人材が活躍できるよう，ダイバーシティ・エクイティ＆インクルージョン（DE&I）の観点から，企業が従業員に対して経済支援をすることが増えています。

　しかしながら，社員旅行，従業員への記念品，帰省旅費の支給，食費の補助といったフリンジ・ベネフィットは，法人税法上は「給与等に係る経済的利益」となり，一定の基準を満たさないと，給与として源泉所得税が課税されることになってしまいます。

(1) 異常点の表れ方

> □ 社員旅行や記念品の支給などを決定した際，稟議書や企画書に税務上の論点を検討した形跡がない
> □ 明らかに１万円超の物品を記念品として支給している
> □ 食費補助をしているが，役員や使用人が食事の価額の半分以上を負担していない

　なお，異常ということではありませんが，会社が人的資本や多様性を重視し始めたときも，給与・賞与の問題が発生しやすくなるので注意するとよいでしょう。

　(例) 単身赴任者や親の介護が必要な従業員などに帰省手当を支給している
　　　外国人労働者の帰国費用の補助を行っている

(2) 異常点の見つけ方

① 人的資本・多様性の重視の方向性を知る

　上場企業は人的資本や多様性を重視する方向に向かっていますが，非上場

141

の会社等においても，今後，このような傾向が強くなってくる可能性があります。理由の1つとして，わが国では少子化による人手不足がより一層深刻化してくると予想されるからです。

人手不足をカバーするためには，多様な人材を獲得することが重要となります。人的資本の重視のため，転勤者に対する帰省手当を支給する会社もあります。また，「多様性」とは，例えば，親の介護や育児のための休暇の容認，外国人労働者の雇用，障害者雇用といったものがあります。

クライアントがこのような方針に舵を切ったときは，税務上は経済的利益の発生の可能性が高くなります。訪問時における会話や取締役会議事録の閲覧などによってクライアントの方向性をつかむとよいでしょう。

② 月次推移表の分析や前期比較を行う

社員旅行や記念品の支給などは，月次推移表の分析や前期比較を行うことでその有無を推測することができます。例えば，月次推移表を見て，ある月に旅費交通費が多額となっていた場合は，社員旅行が行われた可能性があります。その場合，総勘定元帳の閲覧と担当者への質問により確認します。

③ 稟議書や企画書を閲覧する

社員旅行や記念品の支給などが行われていたことを確認したら，稟議書や企画書を閲覧するとよいでしょう。このとき，税務上の問題点をクリアしているかどうかを検討した形跡がない場合は注意したほうがよいでしょう。税務上は，こういったものは経済的利益に当たり，一定の要件を満たさないと給与として源泉所得税が課税されてしまうからです（所得税基本通達36-21～22，36-30，36-50，37-17～18，昭和63年直法6-9外「所得税基本通達36-30（課税しない経済的利益・・・・・使用者が負担するレクリエーションの費用）の運用について」など）。

④ 金額をチェックする

創業記念品等は，課税されないための要件の1つとして，「その支給する記念品が社会通念上記念品としてふさわしいものであり，かつ，そのものの価額（処分見込価額により評価した価額）が1万円以下のものであること」と

142

第Ⅱ章　勘定科目別の異常

されています（所得税基本通達36－22）。

　また，食費補助は，❶役員や使用人が食事の価額の半分以上を負担しており，かつ，❷「食事の価額－役員や使用人が負担している金額」が1か月当たり3,500円（消費税及び地方消費税の額を除きます）以下であることが，給与として課税されないための要件となります（所得税基本通達36－38の2）。

　このような金額要件があるものは，金額をチェックしてみましょう。

⑤　創業記念の年などは事前に把握する

　創業○周年といった年は，何らかの記念行事が行われる可能性が高く，従業員に記念品が支給される可能性もあります。このような記念の年をあらかじめ把握して，記念行事などの計画を聞いておくとよいでしょう。記念の年は，創業記念のほか，増資記念，工事完成記念，合併記念（以上，所得税基本通達36－22），上場記念，グループ統合○周年記念といったものが想定されます。

⑥　摘要欄で帰省のチェックを行う

　単身赴任者が帰省するための旅費といった職務の遂行に必要な旅行費用と認められない旅費は，実費精算であっても給与に該当します。なお，会議等に併せて帰宅する場合は非課税と認められることもあります（国税庁・質疑応答事例「単身赴任者が会議等に併せて帰宅する場合に支給される旅費」）。

　旅費交通費の摘要欄に帰省のための旅行という記載がある場合は，帰省手当が出ている可能性があります。近年は，このような手当が増えていますが，前述のように，親の介護のための帰省費用を一部負担しているという会社も見られます。なお，外国人の休暇帰国手当については，一定の要件を満たしている場合は，課税しなくて差し支えないとされています（昭和50年直法6－1（例規）「国内において勤務する外国人に対し休暇帰国のため旅費として支給する金品に対する所得税の取扱いについて」）。

(3)　クライアントによる事前対策

①　帰省手当の事前説明を行う

　単身赴任者の帰省や介護のための帰省の旅費を会社が支給した場合，業務

143

に関係がなければ，実費精算であっても給与に該当します。このようなこと
は，事前に従業員に説明し，給与手当として支給することを説明しておくほ
うがよいでしょう。説明しておかないと，せっかくの手当も「え？　自分で
出すの？」と誤解されかねないためです。

② 総務部門等は給与認定の基準を知っておく

社員旅行や記念品の支給などを企画するのは総務部門が多いのではないか
と思います。このような企画をする場合，総務部門は，概要レベルでよいの
で，あらかじめ給与認定となる基準を知っておくとよいでしょう。

なぜかというと，企画した後，決裁を得る段階になって，経理担当部署か
ら「それ，税法で引っかかるから……」と指摘されてしまうようなことがあ
ると，企画に費やした時間や労力が無駄になってしまうからです。

③ 経理担当部署へ事前報告する

経理担当部署は，社員旅行や記念品の支給などを行うときは，総務部門か
ら事前に連絡してもらう体制とし，企画の段階で情報共有しておくとよいで
しょう。もちろん，その段階で税務上の論点も検討しておきます。

そして，稟議書には，税務上の論点を検討し，それをクリアしていること
を記載するようにしましょう。

④ 社内研修で知識を習得する

とはいえ，総務部門が自ら税法を習得するのは困難です。対応策としては，
経理担当部署や顧問税理士を交えた社内研修を行うことで，一定の知識を身
につけるという方法があります。このような研修は毎年行うとよいでしょう。
毎年，知識の確認を行うとともに，アップデートされた情報をキャッチアッ
プすることが目的です。

例えば，社員旅行が給与とされないためには，国内の社員旅行については，
4泊5日以内で，旅行に参加した人数が従業員全体の人数の50％以上である
こととされてきました（所得税基本通達36-30，昭63直法6-9外）。

しかしながら，近年，国税庁のタックスアンサーに新しい事例と回答が公
表され，従業員の参加割合が50％未満であっても，社会通念上一般に行われ

第Ⅱ章　勘定科目別の異常

ているレクリエーション旅行と認められ，従業員が受ける経済的利益も少額と認められる場合は，課税しなくて差し支えないとされました（国税庁・タックスアンサーNo.2603「従業員レクリエーション旅行や研修旅行」）。

このように，社員旅行と課税の関係も時代とともに変わってきています。このような税務の基礎知識があれば，社員旅行や従業員への記念品の支給といった経済的利益に対する課税を回避することができます。

⑷　税理士が発見した場合の対応

税理士が，帰省手当，社員旅行，記念品の支給，食費補助といった従業員への経済的利益の供与につき，課税が発生するものを発見した場合は，クライアントに対して，給与課税となる理由を説明しましょう。

また，この経済的利益に関する源泉所得税を納付した後，従業員の給与又は賞与から源泉所得税を徴収せざるを得ないことになりますが，そのまま天引きすると従業員は納得しないと思います。そこで，クライアントには，例えば，手取りは減らないようにするといった方法をアドバイスし，従業員から不満が出ないように工夫する必要があることを説明するとよいでしょう。

なお，経済的利益の供与は給与であり，消費税においては課税対象外となります。そのため，消費税の修正も必要であることも伝えておきましょう。

〈小規模会社での対策〉

> 💡社長の大盤振る舞いに注意
>
> 業績が好調な小規模な会社では，社長の一声で豪華なレクリエーションが決まってしまうことがあります。社長が経済的利益と課税の関係について知らないで一方的に決定してしまうと，後で課税が発生してしまい「手遅れ」になる可能性があります。
>
> そうならないように，社長には経済的利益と課税の関係についてあらかじめ伝えておくと同時に，レクリエーションは会社全体で決定することとして，社長が大盤振る舞いしそうになったらブレーキをかけるようにするべきでしょう。

145

15 減価償却費の異常

1 未稼働資産の減価償却

減価償却は取得月からではなく事業供用月から開始します（国税庁・タックスアンサーNo.5400-2「事業の用に供した日」）。そのため，購入後未稼働の資産に対しては減価償却費を計上することができません。未稼働期間における減価償却費は，損金算入できないので，法人税の計算に影響が出ます。よく見られるのは，購入後，稼働していないにもかかわらず，購入した月から減価償却を開始しているケースです。

(1) 異常点の表れ方

☐ 新規事業の開始前なのに，減価償却費が増加している
☐ 新支店，新事業所，新店舗の開店前の日付が事業供用日となっている
☐ 資産の使用部署や事業所等が稼働申請を出す体制となっていない

(2) 異常点の見つけ方

① クライアントの事業計画を把握する

未稼働資産に対して減価償却が開始されていないかどうかを見つけるには，まず，その前提としてクライアントの事業計画を把握するようにします。

そのための手段としては，例えば，❶毎月，取締役会や経営会議の議事録を閲覧する，❷訪問時に，新規出店計画などを質問により把握する，❸機械の除却を行うことが決まったときは新しい機械の導入計画を確かめる，といったことが挙げられます。

146

第Ⅱ章　勘定科目別の異常

　しかしながら，新規事業の開始や新規出店計画などは重要な機密事項なので，クライアントは簡単には話しません。また，クライアントには，税理士ではなく無資格の事務所職員が担当として訪問することがありますが，クライアントはこのような重要な情報について，事務所職員に話さない傾向が強いと思います。特に，担当年数が短いとその傾向は強くなります。取締役会議事録の閲覧も，事務所職員に対しては難色を示すところもあると思います。

　そのため，所長がクライアントに訪問して，社長や役員の話を聞き，事業計画を把握することが重要です。取締役会議事録も，所長であれば閲覧できるでしょう。特に，業績好調で，拡大傾向があるクライアントに対しては，所長が積極的に訪問しましょう。

　そして，新規事業などに関連する資産について，稼働前に減価償却を行っていないかどうかを質問するとよいでしょう。

② 月次推移表をチェックする

　次に，損益計算書の月次推移表のチェックが挙げられます。月次決算では毎月の減価償却費は予定額を計上しますが，通常，毎月の金額はそれほど大きく変わりません。しかし，新規事業などの開始があれば金額が増加します。もし，その増加が新規事業などの開始月よりも前に表れていた場合は注意するとよいでしょう。

　そのようなときは，固定資産管理ソフトの画面や固定資産台帳を見せてもらい，購入月と事業供用年月日が適切に入力されているかどうかを確認します。

③ 稼働申請を出す体制かどうかを把握する

　減価償却資産を扱う部署や事業所等（以下「担当部署等」といいます），特に機械や工具器具備品を扱う担当部署等では，会社から許可を得てその機械等を稼働させます。勝手に稼働させると，予定していない減価償却費や水道光熱費などのコストが発生し，予算オーバーとなる可能性があるからです。そのため，担当部署等から稼働申請書を提出して，機械等の稼働の許可を得ることが求められます。

147

このような稼働申請書を出すという体制が構築されていない場合は注意するとよいでしょう。

担当部署等と経理担当部署が稼働月について情報共有できているかどうかを確かめることも重要です。

⑶　クライアントによる事前対策

①　稼働申請書を提出する

未稼働資産に対して減価償却費を計上してしまうミスは、担当部署等と経理担当部署との情報共有ができていないことが原因です。これを防止するための具体的な手段としては、❶担当部署等は稼働申請書を提出して決裁を得る、❷決裁が済んだ稼働申請書の写しは経理担当部署に提出する、といった方法が考えられます。

経理担当部署では、固定資産管理ソフトの事業供用年月日を登録するときに、稼働申請書に基づいて入力するようにします。もちろん、上長が入力内容をチェックします。

②　固定資産管理ソフトの自動入力に注意する

固定資産管理ソフトに入力するときの注意点として、固定資産管理ソフトは、取得年月日を入力すると、自動的に同じ年月日が事業供用年月日欄に反映されるものが多いと思います。なぜかというと、多くの場合、減価償却資産は購入した月から稼働するからです。しかしながら、もし未稼働資産であった場合、事業供用年月日欄に自動入力され、その後、誰もチェックせず、そのまま減価償却費が自動計上されてしまうというケースが想定されます。

本章⑤ 1で説明したように、固定資産管理ソフトへの入力漏れを防止するためには、請求書などの証憑一式が回付されたらすぐに入力することです。その上で、入力後、上記❷のとおり、稼働申請書の写しが経理担当部署に提出されたら、稼働予定年月日と固定資産管理ソフトの事業供用年月日とを照らし合わせて確認するとよいでしょう。

第Ⅱ章　勘定科目別の異常

③　事業の用に供した日の基準を設定する

　法人税法上，「事業の用に供した日」とは，一般的にはその減価償却資産の持つ属性に従って本来の目的のために使用を開始するに至った日とされています（国税庁・タックスアンサーNo.5400-2「事業の用に供した日」）。

　これは，業種・業態・その資産の構成及び使用の状況を総合的に勘案して判断するとされていますので，業種や資産の種類に基づいて，社内で「事業の用に供した日」の基準を具体的に設定しておきましょう。そのようにしないと感覚的な判断となり，例えば，本社と事業所で基準が異なることもありうるからです。

(4)　税理士が発見した場合の対応

　購入後未稼働の資産について減価償却を行っていた場合は，その減価償却費は取り消してもらいます。方法としては，固定資産管理ソフトの事業供用年月日を訂正してもらうということになります。事業供用年月日を訂正すれば，適切な減価償却費が計上されます。もちろん，同時に，会計上もその金額に相当する減価償却費を取り消してもらいます。

　また，未稼働の資産があれば，固定資産管理ソフトで減価償却費が計上されないようにしておきましょう。

　伝えるタイミングは，発見したらその都度となりますが，期末月に購入した資産については，発見が年度決算のタイミングとなる可能性があるので，期末月に訪問したときに念押ししておくとよいでしょう。例えば，3月決算の会社だと，3月に新入社員用のパソコンや机・椅子などを購入することも多いですが，誤って購入月の3月に減価償却や一括償却を行っていることがあります。これを年度決算のときに伝えると，「早く言ってほしかった」と言われかねないので，金額の大きくない資産でも，クライアントの計画を把握しておきましょう。

149

2 不適切な耐用年数

減価償却費を適切に計上するためには，適切な耐用年数を設定しなければなりません。例えば，設定した耐用年数が法定耐用年数よりも短いと，年度の減価償却費が過大計上され，法人税の計算に影響が出ます。事業部門で固定資産管理ソフトの入力をしている場合，耐用年数の設定が異なったり，誤ったりするリスクがあります。

(1) 異常点の表れ方

> □ 資産の種類から見て明らかに耐用年数に違和感がある
> □ 耐用年数の設定が入力担当者に任されていて，上長がチェックしていない
> □ 耐用年数を見積ったとき，その根拠や計算過程を残していない

(2) 異常点の見つけ方

耐用年数の異常点を見つけるには，新規取得資産について固定資産管理ソフトの画面を見せてもらうのが最もよい方法といえます。支店や事業所などがある場合は，新規取得資産リストを出してもらってチェックするのがよいでしょう。そのときに，資産の種類に照らして明らかに耐用年数がおかしいものがあれば，すぐに確認しましょう。

私の経験では，ある非営利法人の地方施設でこのようなことがありました。新規に送迎車両を購入したということだったので，固定資産管理ソフトを見せてもらったのですが，車両であるにもかかわらず耐用年数が18年と設定されていました。普通乗用車の耐用年数は6年です。福祉用の車両は異なるのかなと思いましたが，それでも18年は明らかにおかしい年数です。

そこで調べてみると，この耐用年数18年というのは，車両は車両でも「鉄道用車両」（電気又は蒸気機関車）であることがわかりました。

150

第Ⅱ章　勘定科目別の異常

　ちなみに，この非営利法人の固定資産管理ソフトは，資産の種類を選択すると耐用年数が自動選択されるものでした。会計は施設の職員が行っている法人でしたが，資産の種類の選択を誤ったことが原因でした。

　このように，耐用年数の設定誤りが発生することもあります。この場合は，減価償却費が少なくなるケースでしたが，逆だと法人税の計算に影響が出ます。

　また，固定資産管理ソフトの入力が，現場の担当者に任されていて，しかも上長がチェックしていない場合には，耐用年数の設定を誤ったり，担当者によってばらつきが出てきたりすることがあります。

(3)　クライアントによる事前対策

①　社内で基準を統一する

　まず，耐用年数の設定は，入力担当者の判断によって行うと，ばらつきが出るリスクがあるため，社内で統一しましょう。

　会社で購入する資産はおおむね決まっていることが多いので，資産区分も合わせてリスト化しておくとよいでしょう。

②　入力後に上長がチェックする

　固定資産管理ソフトに現場の担当者が入力した後は，必ず上長がチェックするようにしましょう。

　上記(2)では，資産の種類を選択すると耐用年数が自動選択される固定資産管理ソフトの例を紹介しました。耐用年数が自動選択されれば入力者の判断によるばらつきのリスクは減少しますが，上記(2)のように，資産の種類を誤ると，耐用年数も誤ったものが自動選択されてしまいます。これを防止するために，必ず上長がチェックし，確認した証跡を残すようにします。

③　不明であれば経理担当部署や顧問税理士に確認する

　新しい種類の資産を購入したときや，国税庁の耐用年数表に該当するものがない資産を購入したときは，上記①のような耐用年数リストに当てはまらないものも出てきます。そのような場合は，現場の担当者は本社の経理担当

151

部署に，さらに本社の経理担当部署から顧問税理士に確認するようにしましょう。

④　耐用年数の設定根拠資料を作成する

　耐用年数は，必ずしも国税庁の耐用年数表に基づくものばかりではありません。中古資産の購入の場合や総合償却の場合は，会社で計算することになります。そのようなときは，耐用年数を設定した際の計算式や根拠などを記載した資料を作成し，上長の承認を得るようにしましょう。もちろん，その資料は保存しておきます。

(4)　税理士が発見した場合の対応

　税理士が発見した場合は，適切な耐用年数を固定資産管理ソフトに入力してもらい，適正な減価償却費を算出してもらった上で，会計上も減価償却費を修正してもらうことになります。もし，修正されない場合は，法人税法上の減価償却限度額を超える額を減価償却超過額として否認することになります。しかし，減価償却超過額を計上すると，後の事業年度において実務が煩雑になることもあるので，なるべく計上しないほうがよいと思います。

　このような耐用年数の設定誤りが発生する場合，固定資産管理ソフトの入力結果を上長がチェックしていない可能性が高いです。このとき，「次回からは上長がチェックしてください」と口頭で伝えると，「わかりました」という回答がくるものの，かなりの確率で実行されないと思います。なぜかというと，手間が増えて面倒だからです。

　このような管理体制の場合，社長や経理担当役員からトップダウンで改革してもらうことが有効です。例えば，資産の購入依頼に関する稟議書に，確認のチェックマークを入れる欄を作るなどして証跡を残すという方法も考えられます。

第Ⅱ章　勘定科目別の異常

16　交際費の異常

　令和 6 年度税制改正により，交際費等から除外される飲食費は，これまで
の 1 人当たり5,000円以下から 1 人当たり10,000円以下に引き上げられました
（租税特別措置法61条の 4 第 6 項 2 号，同法施行令37条の 5 第 1 項）。この 1 人当
たりの飲食費は，飲食費として支出する金額を参加した者の数で除して計算
した金額として算出しますが，この人数を水増しして 1 人当たりの金額を減
額すると，仮装・隠蔽行為として重加算税が課される可能性が極めて高くな
ります。

(1)　異常点の表れ方

> □　店の 1 人当たりの予想単価と比べて低い金額となっている
> □　交際費の申請が事後申請となっている
> □　社内で 1 人当たりの飲食費のチェックを行っていない

(2)　異常点の見つけ方

①　1 人当たり予想単価と比べる

　1 人当たりの飲食費が，その店から予想される平均単価よりも低い場合は
人数が水増しされている可能性があります。店の平均単価はグルメサイトが
参考となります。グルメサイトには，たいていランチの平均予算とディナー
の平均予算が掲載されています。この平均予算と 1 人当たりの飲食費を比較
してみるとよいでしょう。

　例えば，ディナーの平均予算が15,000～19,999円という鮨店で，飲食費と
して計上した金額が 1 人当たり9,000円となると，かなり怪しいと思います。

　「会議費」などで計上されている飲食費が多額となっている場合には，ク

153

ライアントへの訪問時に何件かチェックしてみるとよいでしょう。

【参考】 グルメサイトのイメージと相場感のつかみ方

② 交際費の申請のタイミングを見る

交際費の申請が事後申請となっているクライアントは，飲食後に恣意的な操作が可能となり交際費の不正の発生リスクも高くなります。交際費の申請をどのタイミングで行っているか，経理担当部署への質問やフローチャートで確認するとよいでしょう。

③ 事前申請している場合は人数の一致をチェックする

交際費を事前申請している場合は，事前申請したときの人数と帳簿や領収書に記載された人数が一致しているかどうかを見てみるとよいでしょう。ここに不一致が多いと，内部でチェックしていない可能性があります。

④ 予算オーバーの有無をチェックする

会議費等の予算実績を比較して，実績額が大きく超過している場合，例えば，部内で定められた年間の交際費の限度額を超えて飲食したため，人数を

水増しして10,000円以下の飲食費とした可能性もありえます。交際費の限度額が定められているクライアントは，不正な手段で飲食費に振り替えていないか注意するとよいでしょう。

(3)　クライアントによる事前対策

①　事前申請制とする

人数の水増しを防止するためには，交際費は事前申請制とし，事後申請は認めないとすることが有効です。事前申請時には，取引先名，金額，参加者名と人数などを申請し，承認を得るようにします。そして，このとき申請した人数は絶対に動かさないようにし，飲食後の経費精算時に水増し申請させないようにします。

②　経費精算システムを導入する

交際費に関しても，経費精算システムで管理すれば人数の改ざん防止に役立ちます。

経費精算システムを使えば，例えば，立替経費の精算者が経費タイプを選択し，社外の交際費であれば，同時に参加者1人当たり飲食費について，10,000円以下か10,000円超を選択することができます（税抜判定の場合）。

経費精算システムの導入にはコストがかかりますが，手作業の負担を減らすことができ，不正の防止にも役立つので，積極的にデジタル化を進めるとよいでしょう。

③　経費精算時にチェックする

営業担当者などが経費精算を行うときも，事前申請した人数との一致を確かめ，人数が水増しされていないかどうかを確かめましょう。

また，上記(2)①のように，サンプルベースでグルメサイトの平均予算と領収書の1人当たり金額を比較して，金額に異常性がないかどうかを調べるとよいでしょう。なお，今後は生成AIを利用して，全データを調べることもできる可能性があります。

155

④　損金算入可能な飲食費の可否をチェックする

　営業担当者などが，損金算入可能な飲食費として申請してきたときは，1人当たりの金額が正しく計算されているか，税抜，税込の判断は正しいかという点も確認しましょう。自社の会計が税抜処理であれば，10,000円の基準も税抜で判断します。

⑤　総務部門と経理担当部署が連携する

　総務部門は経理担当部署と連携し，交際費課税の要件を押さえておきましょう。また，例えば，毎月，連絡ミーティングを行い，不適切な支出や申請が行われていないかを相互確認するという方法も考えられます。

(4)　税理士が発見した場合の対応

　人数の水増しは仮装・隠蔽に当たるため，税務調査で指摘された場合，重加算税が課される可能性が極めて高くなります。もし，人数の水増しを発見した場合は，そのような飲食費は1人当たり10,000円以下の飲食費とは認められないため，会議費などの勘定科目で処理していたときは，交際費勘定に修正するように指導します。

　仮に，クライアント側が交際費勘定に修正せず，会議費などの勘定科目のままであっても，法人税の計算上，別表十五において「支出交際費等の額の明細」欄に科目名と金額を記載し，損金不算入額を計算することを伝えて，適切な法人税を計算します。

　また，1件でもこのような水増し事例があれば，当事業年度だけでなく過去の事業年度においても行われている可能性があるので，経理担当部署，総務部門の担当者に人数の水増しの悪質性を説明し，過年度分も含めて全件のチェックを行ってもらうようにお伝えしましょう。

　さらに，人数の水増しをした営業担当者などにも，人数の水増しは税務上悪質な行為であることを十分に伝え，意識の改善をしてもらいましょう。

第Ⅱ章　勘定科目別の異常

17　費用全般の異常

1　架空取引・水増し取引

　架空取引や水増し取引による役員や従業員の横領は，よくマスコミで報道されます。架空取引や水増し取引によって計上された費用は，法人税法上，損金の額に算入することはできず，また課税仕入れではないので消費税の修正も必要となります。会社側からすると，役員や従業員に横領された上，税金が増えるという納得がいかない状況となってしまいます。

(1)　異常点の表れ方

☐　相見積りを行っていない
☐　同じ発注先が続いている
☐　取引先の口座が個人名義や取引先とは別の会社名義になっている
☐　感覚的に見て相場より高い金額が請求されている
☐　担当従業員の羽振りがよくなっている

　水増し取引の一例を図解すると，次のとおりです。水増し取引は，取引先と共謀して，本来の費用よりも高い金額を会社に請求させて，差額の一部をキックバックとして受け取るという横領行為です。

　従業員による架空取引や水増し取引は，会社のお金を自分に還流させて，横領することが目的です。

　以下，従業員による架空費用の計上と横領があった場合の会計処理と税務処理について，設例を用いて説明します。

157

【水増し取引のイメージ】

——————▶ モノの流れ

----------▶ カネの流れ

【設例】

　ある会社の従業員が取引先と共謀して架空取引を行い，キックバックにより横領していたことが発覚した。架空取引は業務委託について行ったものとし，金額は1,000（税抜），消費税は10%とする。

❶　取引時

（借方）業務委託費	1,000	（貸方）未　払　金	1,100
仮払消費税等	100		

❷　支払時

（借方）未　払　金	1,100	（貸方）現 金 預 金	1,100

　しかしながら，この業務委託費は架空取引であり，法人の業務に関する取引とは認められないため，損金の額には算入できません。

158

税務上の仕訳は次のとおりとなります。

❸ 架空費用の否認

(借方) 未　払　金	1,100	(貸方) 業 務 委 託 費	1,000
		仮払消費税等	100

❹ 横領損失の認容

(借方) 横 領 損 失	1,100	(貸方) 未　払　金	1,100

❺ 損害賠償請求権計上漏れ

(借方) 未 収 入 金	1,100	(貸方) 損害賠償請求権計上漏れ	1,100

この「損害賠償請求権計上漏れ」は益金となるため別表四で加算されます。

(出所)　采木俊憲「法人に対する重加算税の賦課について―従業員の不正行為に起因する場合を中心に―」税大ジャーナル17号97頁以下（2011年10月）を参考に作成

　以上を見てみると，当初と比較して，業務委託費1,000の損金算入が認められないので，最終的に1,000の所得が増加することになります。また，❸のとおり，架空費用は課税仕入れではないので，消費税の修正も必要となります。

　なお，法人が損害賠償請求権を放棄した場合は，従業員に対する給与として取り扱います。ただし，この場合，今度は源泉所得税が発生します。

　もし，これが役員によるものであれば役員賞与となりますが，定期同額給与の規定に抵触することになるので（法人税法34条1項1号），この部分の金額は損金不算入となってしまいます。そのため，役員による横領は従業員による場合よりも影響が大きくなってしまいます。

　このように，従業員や役員による架空取引や水増し取引による横領が行われると，法人税や消費税にも大きく影響してきます。不正を防止することは税務においても重要なのです。

(2)　異常点の見つけ方

①　購買プロセスを確認する

　まず，クライアントの購買プロセスを確認してみましょう。購買において，

発注依頼者と発注担当者が別の人になっているかどうかを見てみます。これが同じ人だと，架空取引や水増し取引が発生するリスクが高くなります。

② 相見積りを確認する

クライアントが相見積りを行っているかどうかも見てみましょう。特定の担当者にすべて任されていて，1社決め打ちとなっていると，料金の比較が行われずに水増し取引が起こるリスクがあります。

③ 発注先を確認する

架空取引や水増し取引の対象となりやすいものとして，外注加工費，業務委託費，修繕費が挙げられます。これまで説明したように，同じ発注先が続いている場合は注意するとよいでしょう。

④ 金額が大きくない取引にも注意する

不正を行う場合，1回の取引の金額が大きいと目立つので，それほど高くない金額で行われると予想されます。訪問時は，金額の大きい取引についてだけでなく，金額が大きくない取引もチェックするとよいでしょう。

また，不正を行うとき，最初は小さな金額で，徐々に大胆となり金額が大きくなってくる傾向があるので，このような取引も注意しましょう。

⑤ 取引先の口座名をチェックする

取引先の口座名も，これまで説明したように，個人名義や取引先と異なる会社名である場合は注意するとよいでしょう。

⑥ 相場感をチェックする

取引金額が相場とかけ離れた金額かどうかの判断は，その業界に通じていないとなかなか難しいですが，相見積りもとっていない取引で，感覚的に見て「ちょっと高いのでは？」と思ったものは継続して注視したほうがよいでしょう。

⑦ 担当者の様子を観察する

発注依頼者と発注担当者が同じ人物で，急に羽振りがよくなってきた場合も注意しておくとよいと思います。給料が固定月給制であるにもかかわらず，例えば，急に高級マンションや高級外車を購入したといった場合には，別の

160

所得を得ている可能性があるからです。

(3) クライアントによる事前対策

① 発注依頼者と発注担当者は別の人にする

　発注依頼者と発注担当者は別の人にすることが原則です。これが同じ人だと，取引先との共謀により架空取引や水増し取引が可能となってしまいます。マスコミで報道されている事例は，発注依頼者が発注も担当していたケースがほとんどだと思います。この２つの担当者を別の人にすれば，架空取引や水増し取引のリスクは大きく低減します。

② 相見積りを必ず行う

　発注担当部署では，複数の業者による相見積りを行うようにします。これによって異常な価格の取引契約を防止することができます。また，ここでは価格だけではなく，品質やサービスなども考慮します。

【発注依頼者と発注担当者の分離のイメージ】

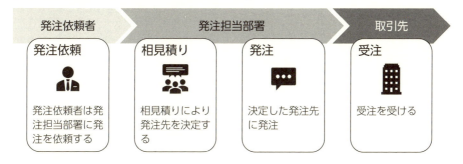

③ 発注依頼者と支払担当者は別の人にする

　発注依頼者が代金の支払もすると，架空取引，水増し取引のリスクが高まります。代金の支払は経理担当部署から行うようにしましょう。

④ 請求書，注文書控え，納品書などを照合する

　経理担当部署は，請求書がきたからといってそのまま振り込むのではなく，

注文書控えや納品書・業務完了報告書などと照合するようにします。請求書だけで他の証憑がない場合，架空の請求かもしれないからです。

⑤　役務の提供の場合は定期的な実績報告をしてもらう

　実物の商品・製品の動きがない役務の提供（コンサルティング，外注作業など）は，水増し請求されても実態をつかみにくい傾向があります。このような業務形態の場合には，例えば，契約時に見積時間を提示してもらい，その妥当性を確認し，さらに毎週1回，作業実績時間の報告をしてもらって相互に進捗管理をするという方法が考えられます。

⑥　営業担当者は定期的に異動させる

　営業担当者など発注に関わる担当者は定期的に異動させて，取引先との癒着を防止することも有効です。取引先との力関係に負けて取引先の言いなりになるということもありうるので，個人間のつながりが深まりすぎないようにしましょう。

⑷　税理士が発見した場合の対応

①　会計処理は修正してもらう

　もし，架空取引や水増し取引を発見した場合は，当然その取引は修正してもらうことになります。買掛金や未払金が計上されたままで実態がない場合は，その仕訳を取り消してもらいます。一方，外部に現金預金が支払われている場合は，設例の仕訳のように，その費用は横領損失に振り替えることになります。さらに，過去の会計処理についても検証します。

②　会社に報告する

　とはいえ，架空取引や水増し取引の発見は容易ではありません。架空取引は実態がないので，成果物の確認などで発見できる可能性がありますが，水増し取引の発見は税理士ではなかなか難しい面があります。

　もし，このような不正取引の疑いを持った場合，その時点では断定できないので，まず経理担当部署の部長クラスに報告するのがよいでしょう。また，不正取引が行われている場合，社内でも薄々感づき始めていることが多いと

思います。むしろ，疑念を持ったクライアントから税理士に相談があることのほうが多いかもしれません。

その場合，税務上の問題点を説明し，もし不正取引が明らかになった場合は過去の税務申告書について修正申告をする可能性があることを伝えます。また，このような修正申告を行った場合，税務調査が入る可能性があることも伝えておきます。

③ 不正の相談には耳を傾ける

このとき，税理士としては，不正取引の相談に耳を傾けることが望まれます。クライアントからすると，会計や税務の相談相手は顧問税理士なのですから，「それは税理士の仕事ではありません」と突き放してしまうと，クライアントは失望するおそれがあります。

一方で，不正調査そのものに関わってしまうと，膨大な時間がかかってしまいます。不正調査では，例えば，関連部署の従業員全員のメールの解析を行うことがありますが，言うまでもなく，メールの量は膨大です。しかも，証拠隠滅防止のため，不正調査は短期間で終了させなければなりません。

もし不正調査の協力も依頼された場合は，断るか，もし引き受ける場合は別料金にするかといったことを慎重に判断するとよいでしょう。

④ 思わぬ人が不正を行うことを念頭に置く

昔，カラ出張（旅費交通費の架空請求）による横領があった法人に会計のチェックのため入ったことがありました。その時，私が経理担当者から聞いたのは，「みんな，『まさか，あの人がやるとは思わなかった』と言っていました」という言葉です。真面目そうに見える人が不正を行うことは珍しくありません。

「信頼しても信用するな」という言葉を念頭に置いて，税務においても不正の疑いがある取引は注意して見ていきましょう。

〈小規模会社での対策〉

💡発注依頼者と発注担当者の分離

　小規模な会社では，人員が少ないため，発注依頼者と発注担当者を別の人にすることが難しいかもしれません。しかし，その場合でも発注依頼者1人で発注をさせないようにしてください。ましてや，発注依頼者が支払まで行うということは絶対にやめてください。このような体制になると，不正取引のリスクがかなり高まってしまいます。

　また，相見積りも発注依頼者とは別の人が関与しましょう。発注依頼者が相見積りも行うと，恣意的な相見積りを行う可能性があるからです。

　マスコミで報道されている事例では，大手企業の子会社による不正取引が散見されます。大手企業といえども，子会社では人員不足のため，購買に関する管理体制に不備が発生していることもあるようです。

　人員が少ない会社だと，特定の人に業務を一任してしまう傾向がありますが，必ず他の従業員も関与させるようにしましょう。

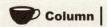 **Column**

もし従業員の横領について責任追及されたら……

　実際に従業員の横領が発覚した会社で，税理士が責任を追及された事例があります。このような場合，どうすればよいのでしょうか？

　契約書の業務内容に「従業員不正の発見」と記載していれば別ですが，おそらく，契約書にこのようなことを書いている税理士は滅多にいないと思います。私見では，このような場合，税理士は責任をとる必要はないと考えています。

　しかしながら，「不正の発見は税理士の仕事ではありません！」と言って突き放してしまうと，クライアントは失望するおそれがあります。

　また，クライアントは，「税理士は，ウチの会計帳簿を見てくれていたのではないのか。見ていたら何か気づいていたのではないのか」といった疑念を持つかもしれません。

　そのため，税理士は，簡単でもよいので，通帳の閲覧などによりお金の動きをチェックして，従業員不正が発生しないよう牽制を行うとよいのではないでしょうか。

　中小企業では，人員や人材が必ずしも十分ではなく，管理体制の強化に限界があることが少なくありません。そのような中で，第三者の立場から会計や税務を見ることができる税理士は，クライアントにとってとても大きな存在なのです。

2 落とし前代金を払わされている

世の中の会社には外部とのトラブルを抱えているところもあります。その
トラブルによって，全く役務の提供を受けていないにもかかわらず，落とし
前としてお金を払わされ続けているというケースもありえます。このような
場合，通常の費用とは考えられませんので，損金経理しても，税務上は損金
の額への算入の可否という点で問題が生じます。

(1) 異常点の表れ方

> □ 支払手数料，支払報酬，業務委託費の金額が増加している
> □ 仕訳帳の摘要欄に役務の提供の内容が記載されていない
> □ 請求書に役務の提供の内容が記載されていない

(2) 異常点の見つけ方

① 前期比較や月次推移比較を行う

業務上のトラブルにより，相手企業から落とし前としてお金を支払わされ
ているときは，コンサルティング料の名目で「支払手数料」，「支払報酬」，
「業務委託費」といった勘定科目を使用することが多いのではないかと思い
ます。

このような科目の金額が，前事業年度と比較して増加している，あるいは
月次推移表を見て，ある月から増加しているといった場合は，取引内容を確
認してみるとよいでしょう。

私が昔，経験したことですが，ある子会社の販売費及び一般管理費の前期
比較をしていたところ，支払報酬の額が前期よりも増加していることを発見
したことがありました。その時は，特段，異常性を感じたわけではありませ
んでしたが，相手企業と業務内容を見てみようと思い，総勘定元帳で相手先

166

第Ⅱ章　勘定科目別の異常

を確認し，請求書を見せてもらいました。その請求書には「コンサルティング料」としか記載されておらず，かなり簡素な様式だったと記憶しています。そこで，コンサルティングの内容を確認したいと思い，親会社の経理部の人に質問してみました。すると，驚くべき回答が返ってきました。

　その経理部の人によると，この子会社は，以前，ある会社と取引をすることが決定していたものの，ある事情で取引が取りやめとなったそうです。すると，その相手先の会社から「話が違う。責任を取ってほしい」と言われたため，全く役務の提供を受けないにもかかわらず，「コンサルティング料」の名目で毎月数十万円を支払うことになったというのです。

　このように，企業の業務上のトラブルによって，相手先に金銭を支払うことも，レアケースではありますが，まれにありうるのです。

② 摘要欄を閲覧する

　第Ⅰ章①1で説明したように，摘要欄に記載がない，あるいは業務内容の記載がないといった場合は注意したほうがよいでしょう。

③ 請求書を閲覧する

　こちらも第Ⅰ章②1で説明したように，請求書が簡素であったり，具体的な業務内容が書かれていなかったりするときも注意したほうがよいでしょう。前述の私が遭遇した事例は，まさにこのケースでした。

(3) クライアントによる事前対策

　クライアントによる事前対策としては，損害賠償金との区分を明確にすることです。

　法人の役員又は使用人がした行為等によって他人に与えた損害につき法人がその損害賠償金を支出した場合の取扱いについては，法人税基本通達9－7－16に定められています。

　しかしながら，このような業務上のトラブルを原因とした支出が損害賠償金に当たるのかどうかとなると，民法などの法律要件も関係することになり，大変難しい問題となります。

167

そのため，まず損害賠償金とするケースを会社で定めておく必要があるでしょう（例えば，身体に関する事故によるもの，裁判によって判決が出たもの，損害額が明確なものなど）。その上で，その要件に当てはまらないものは，税務上は交際費等又は寄附金とする方針とするという考えもあるのではないかと思います。

交際費等と寄附金の区分については，租税特別措置法関係通達61の4(1)－1（交際費等の意義），61の4(1)－2（寄附金と交際費等との区分）に定められています。なお，「いわゆる総会対策等のために支出する費用で総会屋等に対して会費，賛助金，寄附金，広告料，購読料等の名目で支出する金品に係るもの」は交際費等に含まれます（同通達61の4(1)－15）。

(4) 税理士が発見した場合の対応

もし，税理士が，業務上のトラブルを原因とした支出を発見した場合は，まず，その背景や支出に至った経緯を質問して，把握するようにしましょう。そのとき，尋問のようになってしまうと，クライアントも心を閉ざしてしまう可能性があるので，まずは冷静に質疑応答を進めることを心がけます。

このような支出は，前述のとおり「支払手数料」，「支払報酬」，「業務委託費」といった科目で処理していることが多いと思いますが，「雑費」など他の科目に含まれている可能性もあります。このように他の科目に含まれていないかどうかを確かめて，そのトラブルに関する支払額を漏れなく把握して集計しましょう。

私見になりますが，税務上は，上記(3)の租税特別措置法関係通達61の4(1)－15に基づき，交際費等として処理し，一定の額は損金不算入とせざるを得ないと考えますが，このような場合，そもそもクライアントのコンプライアンスに問題があるので顧問契約の解除も検討すべきでしょう。

第Ⅱ章　勘定科目別の異常

18　消費税の異常

　近年，輸出取引にまつわる消費税の不正還付が増えています。輸出取引は消費税が免除されますが，そのためにはその取引が輸出取引等であることを証明するための書類を保存する必要があります（消費税法7条2項，同法施行規則5条）。しかしながら，輸出許可書等の保管の重要性を知らず，入手していないというケースも見受けられます。

(1)　異常点の表れ方

□　輸出許可書など輸出取引等を証明する書類を入手していない
□　郵便で郵送したときに日本郵便から一定の書類を入手していない
□　輸出売上げが認められるには輸出許可書等の証明書類が必要であることを知らない
□　外国企業への役務提供について契約書など輸出を証明する書類が必要であることを知らない

(2)　異常点の見つけ方

①　輸出許可書の保存状況を質問する

　輸出許可書については，まず経理担当者に保管状況を質問します。消費税法上，輸出免税の適用を受けるためには，輸出許可書など，その取引が輸出取引等であることを証明する書類を7年間保存する必要があります。

　しかしながら，輸出取引を行っているものの，この要件を知らない会社も意外に多くあります。もし，知らない場合には，輸出許可書を入手していない可能性があるので，そもそも入手しているかどうかも質問してみます。

　また，輸出取引を行っているクライアントに訪問したときは，輸出取引の

169

うち数件について，輸出許可書等の保存が必要な書類を提示してもらい，実際に入手しているかどうかを確かめましょう。

② 外国企業との役務提供契約の有無を調べる

輸出売上げは，現物のモノを外国に送るだけでなく，役務の提供も含まれます。例えば，外国企業に対する技術指導，コンサルティングなどが挙げられます。このような役務の提供についても，一定の事項が記載された契約書等の保存が必要です（消費税法7条2項，同法施行規則5条1項4号）。

このことを知らないケースもあるので，外国企業との役務提供契約の有無も調べましょう。

(3) クライアントによる事前対策

① 販売担当者と経理担当者が連携する

輸出許可書は，税関のほか，運送会社から入手することになりますが，輸出が頻繁に行われない会社では，販売担当者や経理担当者がその重要性を知らず，入手していないケースもあります。

対策としては，販売担当者が必ず輸出許可書を入手することを業務手続書の中に入れることです。また，経理担当部署は，輸出取引があった場合は，必ず輸出許可書をそろえるようにしましょう。

輸出許可書など輸出取引等を証明するための書類が保管されていないと，輸出取引等とは認められないどころか，輸出取引等の偽装の疑いをかけられかねません。そのため，輸出取引を行っている会社は，必ず輸出許可書等を入手し，保管しておきましょう。

② 郵便で送る場合も注意する

20万円以下の少額の物品をEMSなどの国際郵便で送る場合も，一定の事項が記載された日本郵便株式会社から交付を受けた書類などの保存が必要です（消費税法施行規則5条1項2号，同法基本通達7-2-23）。

日本郵便株式会社から交付を受けた書類や発送伝票の控えは，請求書控えなどと一緒に綴じておきましょう。

③ 役務提供の場合も注意する

外国企業に対する技術指導などの役務提供を行っている場合は，一定の事項が記載された契約書等の保存が必要となります。契約書においては，消費税法施行規則5条1項4号に掲げられている事項を漏れなく記載する必要があります。また，役務提供を行ったときの記録や成果物も保存しておきましょう。

(4) 税理士が発見した場合の対応

① 事の重大性を強調する

クライアントが輸出許可書等の書類を入手していなかった場合，輸出許可書等の書類がないと輸出売上げが認められない点を強調するとよいでしょう。後述の**参考**のように，近年，輸出売上げに関連する消費税の不正還付が増加しているため，税務署は輸出売上げを厳しくチェックしていると話して，事の重大性を伝えましょう。

② すぐに入手してもらい確認する

輸出許可書等を入手していなかった場合，すぐに入手してもらうよう依頼しましょう。輸出許可書については，税関へ輸出申告を行ったときは税関から発行されますが，運送会社に国際運輸を依頼したときは，運送会社に依頼しないと発行されないことが多いため，経理担当部署から販売担当者に連絡し，運送会社に発行依頼をしてもらいます。その後，輸出許可書を入手してもらったら，それを閲覧して内容の確認を行います。

なお，紙で入手したときはファイリングして保管し，電子データで入手したときは電子帳簿保存法に基づいて電子取引データとして保存することになります。

③ 手続書やチェックシートを整備する

輸出売上げが頻繁に行われないクライアントの場合，輸出を行うときの手続書が整備されていないことが多いと思います。そこで，手続書やチェックシートの作成を指導し，税務面でのフォローを行うとよいでしょう。

【参考】消費税の不正還付が疑われるケース

　近年，消費税の不正還付が増加しているため，税務署もその防止のために力を入れています。

　特に，法人税を納付しておらず，かつ，消費税が還付となっている会社は注意したほうがよいでしょう。とりわけ，年々売上も仕入も金額が増加している一方，消費税は還付となっている場合は，税務署が注目する可能性が高いと思います。売上・仕入の増加如何については，過去3〜5事業年度の損益計算書の経営成績の推移と，消費税の確定申告書の課税売上げにおける国内売上げと免税売上げの推移を見てみるとよいでしょう。

　最近，マスコミで報道された消費税の不正還付のケースには，高級化粧品を仕入れたように装った架空仕入を計上し，さらに，その高級化粧品を輸出したと装って消費税を不正に還付させたというものがあります。

　架空仕入といった不正取引は，最初は金額が大きくないものの，次第に大胆になり，大きくなっていく傾向があります。過去の事業年度の売上や仕入などの経営成績の推移を見るときは，その観点からもチェックするとよいでしょう。

　また，第Ⅰ章で説明したように，架空費用を計上した場合，請求書が簡素であったり，金額がきれいな数字であったりする傾向があるので，その点にも注意するとよいでしょう。

第Ⅱ章　勘定科目別の異常

19　推移の異常

1　前期比較・月次推移の変動が著しい

　税務においても前期比較分析や月次推移分析を行うことは税務の異常点を発見する上で有効です。税務の異常があると，何らかの兆候が出てきます。また，大きな増減があると，税務署も注目する可能性が高くなります。比較分析や推移分析により，異常を発見できれば，早期の対策も可能となります。

(1)　異常点の表れ方

> ☐　一部科目が前事業年度と比較して大きく増減している
> ☐　毎月計上されるはずの科目が計上されていない
> ☐　決算月に大幅に増加している費用科目がある
> ☐　毎事業年度変動がない勘定科目や補助科目がある

(2)　異常点の見つけ方

①　前期比較分析をする

　前期比較分析は，試算表の前期末残高と当期末残高を比較し，増減を算出する方法です。このとき，増減額が大きい科目については，経理担当者に質問するなどして理由を明らかにしましょう。税務署も注目しやすいですし，何らかの異常があることも少なくないためです。

　本章 17 *2* では，販売費及び一般管理費の前期比較をしたときに支払報酬の増加が目に入り，質問の結果，対価性のない報酬を払わされていることを発見した経験談を紹介しました。外注費，業務委託費，支払手数料あたりは架

173

空費用のリスクもあるので，このような科目が増加しているときは特に注意するとよいでしょう。その他，修繕費が増加している場合は，費用の繰上計上（本章⑤3参照）や資本的支出に相当するもの（本章⑤2参照）はないかの確認も必要でしょう。

貸借対照表科目についても，例えば，ある取引先に関する前受金が，期中に増減もなく前期と同額である場合，収益に振り替わっていない可能性があります（本章⑪1参照）。期末棚卸資産も大きく減少していれば原因を特定しましょう（本章③2参照）。

このように，前期比較により，さまざまな税務の異常点を発見する手がかりをつかむこともできます。

② 月次推移分析をする

月次推移分析の場合は，月次推移表を作成して，月次の発生額を見ていくことになります。月次推移表は累計ベースではなく発生ベースで作成します。

月次推移表を見ると，例えば，支払家賃のように毎月計上すべきものが，科目の誤りなどにより計上されていないと，その月は空欄となるので計上漏れに気づくことができます。

また，本章⑪2で紹介した返品の例のように，期末月に異常な増加が発生することがありますが，これも月次推移表だとわかりやすくなります。税務では，費用が期末月において，それまでの月と比較して大きな金額で計上されている場合は注意するとよいでしょう。この場合，例えば，会社が納税額を減らしたいため費用を増大させたというケースもあれば，各事業部門が予算消化のため，恣意的に費用を繰上計上したというケースも考えられます。

このように，月次推移表を分析すると，異常な推移を発見することが可能となります。

(3) クライアントによる事前対策

① 経理担当部署がトップダウンで行う

クライアントにおいても，会社全体，事業部門ごとの前期比較分析や月次

推移分析を行うことが，税務の異常点を早期に発見するために有効です。

また，経理担当部署がこのような分析結果を一元的に把握することが重要です。会社が前期比較などの財務分析を行うときは，❶経理担当部署が事業部門を含む会社全体の分析を行う，❷事業部門の分析は事業部門で行うの2通りがあります。

❷の場合は，事業部門において分析した結果が経理担当部署に報告されないリスクや，報告されたものの経理担当部署が事業部門の分析結果の検討を行わず，そのまま放置するというリスクがあります。この場合，手段が目的化して，事業部門の税務の異常点を発見できなくなるおそれがあります。

このようなことにならないように，経理担当部署がトップダウンの形ですべての分析結果を把握する体制とすることが重要です。言い換えると，丸投げして事業部門任せにしないということです。

② 月次決算でも発生主義を適用する

繰り返しとなりますが，月次決算も発生主義で行うことが税務の異常点の早期発見に役立ちます。月次決算を発生主義で行えば，月次推移分析で各月の数値の並び方で急激な増減や計上漏れを把握しやすくなります。

現金主義の場合には，期末月はその月の発生分も計上されるので，収益も費用も他の月と比べて多額になります。しかし，発生主義にすると，毎月金額が発生する科目であれば，金額はおおむね一定となる傾向があります。そのため，例えば，もし期末月に費用の繰上げが行われても，期末月に異常な増加として表れるので，異常点を把握しやすくなります。

なお，月次決算は外部に公表するものではないので，期末決算と同レベルの精緻さは必要ありません。例えば，最初は売上と仕入のみでスタートしてもかまいません。実際に，まず売上と仕入のみ発生主義として，販売費及び一般管理費は現金主義のままでスタートしたケースもあります。

ぜひ，月次決算も発生主義を適用して，効果的な月次推移分析を行いましょう。

175

⑷ 税理士が発見した場合の対応

① 変動理由を明らかにする

　税理士が，前期比較分析や月次推移分析により異常な増減を発見したときは，起こりうる税務上のリスクや可能性を想定してみます。

　例えば，業績好調の会社において，期末月に業務委託費が急に増加している場合，❶新規の取引先と業務を開始した，❷新規事業を開始した，という可能性がありますが，❸事業部門が予算消化のため費用を繰上計上した，さらには，❹会社が納税額を減少させるために架空費用を計上した，又は費用を繰上計上した可能性も想定されます。

　その想定に基づいて，次に，総勘定元帳や仕訳日記帳を閲覧し，その増減の原因となっている取引や会計処理を探します。取引を特定したら，金額の大きい取引，税務上の論点となりそうな取引等について証憑を提示してもらって閲覧します。

　そして，その取引について疑問や不審な点があれば経理担当者に質問します。問題がないと思われる取引についても確認のため質問をしましょう。

　このとき，税務調査ではありませんから，クライアントを追い詰めると関係が悪化してしまいます。もし，明らかにおかしな点を発見したとしても，例えば「このままだと，ちょっと具合が悪いですよね？」といった言い方をして，自主的な修正を促すとよいでしょう。

② 変動理由は法人事業概況説明書などに記載する

　確定申告書と合わせて提出する法人事業概況説明書には，「当期の営業成績の概要」を記載する欄があります。また，会社事業概況書の場合は，「(1.総括表)」に「前期と比較して当期の業績（売上・利益等）に著しい変化がある場合の主な理由」を記載する欄があります。

　前期比較した際に，大きな変動があった場合は，これらの欄に変動理由を記載しておきましょう。大きな変動があると税務署が注目する可能性が高くなりますが，ここに合理的な理由が記載されていれば，税務署から直接問い

第Ⅱ章　勘定科目別の異常

合わせがくる可能性は低くなると思います。

【法人事業概況説明書の「当期の営業成績の概要」】

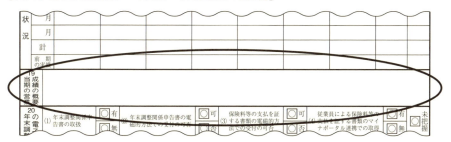

〈小規模会社での対策〉

> 💡 **前期比較分析，月次推移分析は税理士がフォロー**
>
> 　小規模な会社では，自社で前期比較や月次推移の分析を十分に行うことができないところもあります。そのような会社では，税理士側で分析表を作成し，共同で分析するとよいでしょう。そして，数年間はこのような共同分析を行い，徐々に会社自身が主体的に分析を行える体制にしていくとよいでしょう。
>
> 　また，会計ソフトによっては月次推移表を作成できないものもあります。
>
> 　この場合，その会計ソフトでは月次推移表を作成できないので，クライアントに依頼して月次試算表をExcelでエクスポートしてもらい，税理士側で加工して作成するとよいでしょう。詳細は割愛しますが，私も実際に，XLOOKUPといった関数を使って月次推移表を作成し，参考資料として送っているクライアントがあります。

177

 Column

スパークラインを使った異常値の発見方法

「異常点」を見つけるには,グラフを使って視覚的に表す方法も有効です。ここでは,Excelの機能の1つであるスパークラインを使った異常値の発見方法を紹介します。

スパークラインとは,Excelのセル内に表示される小さなグラフです。折れ線,縦棒,勝敗の3種類があり,表の横に配置することで,数値の変化をひと目で確認できます。

税務では,例えば,損益計算書の月次推移表で使用すると便利です。月次推移表では多数の勘定科目が縦に並びますが,これらの勘定科目のすべてについてグラフを作成するとなると膨大な時間がかかってしまいます。しかし,スパークラインを使用すれば,月次推移表の右端の列のセル内に小さなグラフが表示されるので,各科目の月次推移がひと目でわかります。

表1の売上高の月次推移表を使って,スパークラインを作成してみましょう(数値は各月の発生ベースの金額です)。

【表1】

科目名	4月	5月	6月	7月	8月	9月	10月	11月	12月	1月	2月	3月
売上高	12,680	12,600	12,660	12,700	12,650	12,770	12,760	12,720	12,770	12,750	12,670	12,400

(1) スパークラインの作成手順

① スパークラインを表示したいセルを選択します(データの右横のセルを選択)。

科目名	4月	5月	6月	7月	8月	9月	10月	11月	12月	1月	2月	3月	
売上高	12,680	12,600	12,660	12,700	12,650	12,770	12,760	12,720	12,770	12,750	12,670	12,400	

② 「挿入」タブをクリックし,「スパークライン」グループから,スパークラインの種類(折れ線,縦棒,勝敗)を選択します。月次推移分析であれば,折れ線か縦棒を選択します。ここでは縦棒を選択することにします。

第Ⅱ章　勘定科目別の異常

折れ線	縦棒	勝敗

スパークライン

③　「スパークラインの作成」ダイアログボックスが表示されます。

④　「データ範囲」にグラフ化したいデータのセル範囲を入力します。

科目名	4月	5月	6月	7月	8月	9月	10月	11月	12月	1月	2月	3月
売上高	12,680	12,600	12,660	12,700	12,650	12,770	12,760	12,720	12,770	12,750	12,670	12,400

⑤　「場所の範囲」には，①で選択したセルが入力されているので，そのままにします。

⑥　「OK」をクリックして，スパークラインを作成します。

(2)　**色を使ってみる**

　最低値や最高値を表す縦棒に色を付けてひと目でわかりやすくすることもできます。「スタイル」で好きなものを選ぶか，あるいは以下の方法があります。

①　「スタイル」の「マーカーの色」ボタンをクリックします。

②　「頂点（山）」あるいは「頂点（谷）」をクリックします。

③　自分の好きな色を選択します。赤系統の色だと目立ちやすくなると思います。

(3)　**スパークラインの完成**

　表2のようなスパークラインが完成しました。

【表2】

科目名	4月	5月	6月	7月	8月	9月	10月	11月	12月	1月	2月	3月	
売上高	12,680	12,600	12,660	12,700	12,650	12,770	12,760	12,720	12,770	12,750	12,670	12,400	

　このスパークラインを見ると，3月の売上高が他月と比べて，異常に低い数値となっています。数値を見るだけだと比較しにくいですが，このようにグラフに表すと視覚的に異常値を発見できます。

　なお，本書はモノクロ表示なのでわかりにくいですが，上記(2)③で説明したように，頂点に赤色を付けることとした場合，最低値の3月の売上高の縦

179

棒は赤色で表示されます。このようにすると，視覚的に異常値を短時間で発見しやすくなります。

　損益計算書の月次推移表では，このようなスパークラインをすべての科目に設定します。これにより，各勘定科目の最低値や最高値が視覚的に把握できるようになります。また，視覚的に把握できるようになれば，見逃しのリスクも低くなります（**表3**参照）。

【表3】

科目名	4月	5月	6月	7月	8月	9月	10月	11月	12月	1月	2月	3月	
売上高	12,680	12,600	12,660	12,700	12,650	12,770	12,760	12,720	12,770	12,750	12,670	12,400	
売上原価	5,072	5,000	5,100	5,080	5,070	5,108	5,100	5,090	5,200	5,100	5,068	5,700	
売上総利益	7,608	7,600	7,560	7,620	7,580	7,662	7,660	7,630	7,570	7,650	7,602	6,700	
:	:	:	:	:	:	:	:	:	:	:	:	:	

【参考】グラフの作成方法

⑴　「おすすめグラフ」を使用する方法

　グラフを作成する場合，グラフを表示したいセルを選択し，「挿入」ボタンから「グラフ」のエリアで「おすすめグラフ」をクリックし，そこから選ぶ方法があります。

⑵　Alt＋F1で一発作成する方法

　ショートカットキーを使って一発で作成する方法もあります。

①　グラフを表示したいセルを選択します。Ctrl＋Aを使うと全体を選択することができます。

②　Alt＋F1を押します。すると，グラフが出てきます。

③　最初に出てくるのは棒グラフなので，他のグラフに変更する場合は「グラフのデザイン」の中の「グラフ種類の変更」をクリックして，「おすすめグラフ」や「すべてのグラフ」から，データにふさわしいグラフを選択するとよいでしょう。

第Ⅱ章　勘定科目別の異常

2　推定値と実績値の乖離が著しい

　会計上の数値を使って推定値を算出し，実績値と比較して大きな差異がないかどうかを確認する方法も，税務の異常点を発見する上で有効です。この手法は，会計監査では分析的実証手続と呼ばれるものですが，税務でも不正や税額計算の誤りを発見することができます。税務署も同じような手法を使っている可能性があり，推定値と実績値に著しい乖離があると，税務署から疑念を持たれるおそれがあります。

(1)　異常点の表れ方

□　売上高の実績値が推定値よりも少額となっている
□　人件費の実績値が推定値よりも多額となっている
□　10,000円以下の飲食費に関する参加人数が推定値よりも多い
□　会計ソフトで自動計算した消費税の税額と推定値に大きな差異がある

(2)　異常点の見つけ方

①　売上の場合

　売上の場合は，人数や販売数といった個数の情報を入手できる業種が分析に適しています。

　例えば，ホテルだと1室の平均単価とシーズン期の平均単価を把握します。その上で，営業部門から宿泊客の情報を入手し，平均単価と宿泊客数（延べ人数）を使えば，売上高の推定値を出すことができます。

　同様に，飲食業であれば平均単価と入店者数，小売業であれば商品の平均販売価格と販売数といった具合です。また，例えば，小売業であれば商品の種類によって販売価格帯が変わってきますから，いくつかのカテゴリーに分けてきめ細やかな分析を行うとよいでしょう。

181

この売上高の推定値と実績値を比較して，大幅に乖離があれば，売上が正しく集計されていない可能性がありますし，もしかしたら売上の除外や売上の繰延べが行われているかもしれません。

【計算例1】

- 小売業X社は，高価格帯のA商品（平均価格10,000円），低価格帯のB商品（平均価格3,000円）を販売している。
- A商品の年間売上高は10,000千円，B商品の年間売上高は300,000千円であった。
- A商品の年間販売数は1,000個，B商品の年間販売数は120,000個であった。

❶ 推定値の算出
　A商品の売上高の推定値……10,000円×1,000個＝10,000千円
　B商品の売上高の推定値……3,000円×120,000個＝360,000千円
❷ 手続例
　B商品の実績値300,000千円は推定値360,000千円よりも60,000千円低いことから，理由を経理担当者に質問し，売上の計上が漏れていないかどうかを確認する。

② **人件費の場合**

人件費の場合は，例えば，前期の実績値に人員増加率と昇給率を使って推定値を算出するという方法があります。もちろん，前期実績値から1人当たりの平均給与を算出し，昇給率を加味して当事業年度の給与の推定値を算出し，当事業年度の人員数を乗じて推定値を算出しても同じです。

人件費も，部門が複数ある場合，部門によって給与水準が異なることがあるので，部門別に算出するとよいでしょう。

182

第Ⅱ章　勘定科目別の異常

【計算例２】

・前事業年度の営業部の従業員給与は364,000千円であった。

・当事業年度の営業部の従業員給与は455,000千円であった。

・営業部所属人数は，前事業年度は52名，当事業年度は57名であった。

・平均昇給率は５％であった。

・賞与は含んでいない。

❶　推定値の算出

人員増加率……（57名－52名）÷52名≒9.61％

推定値……364,000千円×（１＋人員増加率9.61％）×（１＋平均昇給率５％）

= 418,929.42千円

❷　手続例

当事業年度の実績値は455,000千円であり，推定値418,929.42千円を36,070.58千円上回っていることから，人件費の計上に誤りがないか経理担当者に質問する。また，給与計算ソフトと会計ソフトとの連動の方法，給与計算ソフトのマスター登録の方法などを調べる。

③　飲食費の場合

本章16で説明したように，グルメサイトでランチ，ディナーの平均単価を把握することができます。会社が１人当たり10,000円以下として計上した，ある飲食費の実績値を平均単価で除して参加人数の推定値を算出してみます。参加人数の推定値より実績人数のほうが多いと，人数を水増しした可能性もあります。

もちろん，グルメサイトの平均単価は，あくまで目安なので安い料理を選んだ可能性もありますが，このような乖離が何件もあるような場合には注意したほうがよいでしょう。

183

【計算例3】

・税抜経理の会社が計上した○月○日のY店での接待飲食費は計30,000円（税抜），参加人数4名であった。

・グルメサイトに掲載されているY店の平均予算は10,000円～12,000円である。

❶　推定値の算出

推定値……30,000円÷10,000円＝3名

❷　手続例

推定値3名よりも参加人数4名のほうが多いので，接待伺いや報告書を閲覧し，経理担当者にも質問する。不明な点があれば，他部署の担当者にも質問する。

④　消費税の場合

消費税についても，試算表の数値を使って推定値を計算することができます。会計ソフトの中には消費税を自動計算し，申告までできるものがあり，この機能を使って確定申告書の作成を行っている会社も多いと思います。しかしながら，会計ソフトの自動計算は，あくまで会計処理において消費税の課税区分を正しく入力できていることが前提となります。そのため，試算表の数値を使って推定値を算出し，自動計算された税額の妥当性を確かめることは，申告や納税のミスの防止に有効です。

例えば，会計入力者が，誤って保険料を課税仕入れとして処理したとします。すると，会計ソフトは，その入力された課税区分に基づいて消費税額を計算しますので，誤った消費税額が計算されてしまいます。しかしながら，試算表の科目に基づき，保険料を非課税取引として計算して推定値を出せば，推定値と実績値に差異が発生します。このような差異が発生した場合は，消費税の計算に何らかの異常があるのではないかと推測でき，誤りを早期に発見できることになります。

第Ⅱ章　勘定科目別の異常

⑶　クライアントによる事前対策

　このような推定値との比較は，会計監査で行われているものですが，税務の異常点を申告書作成前に把握するためにも有効です。経理担当部署においても，推定値と比較して実績値が適切に計上されているかどうかを決算期に確認してみましょう。もし，大きな乖離がある場合は，会計処理に何らかのミスがある可能性が高いでしょう。

　また，部署や事業所の数が多い会社だと，経理担当部署がすべての取引を把握することは困難です。このような会社では，推定値と実績値の比較は，適切な会計情報が報告されているかどうかを確かめる手段としても有効です。

⑷　税理士が発見した場合の対応

　税理士が，推定値と実績値の乖離を発見した場合は，上記⑵の計算例に記載した手続例のように，経理担当者に原因を質問するとよいでしょう。イレギュラーな原因で乖離が発生していることもあるので，税務署に質問されたら，合理的な説明ができるようにしておくようにしましょう。

　もし，乖離の原因が不適切な手続によるものであることが判明した場合は，会計処理を修正してもらいます。また，ミスにより生じた誤りだったのか，意図的に行った不正だったのかもはっきりさせておきましょう。

　とはいえ，意図的な不正だった場合でも，推定値と実績値の乖離を指摘すると，経理担当者は「調べます」と回答した後，しばらく時間が経ってから，「すみません。一部計上ミスがありまして……」という対応をしてくる可能性があると思います。このように対応されると，ミスだったのか意図的な不正だったのか，はっきりしませんが，計上ミスの理由の妥当性の検証や該当する証憑類の閲覧などにより総合的に判断しましょう。

　万が一，意図的な不正であった場合は，その後も続くおそれがあるので，顧問契約の解除も検討しながら対応していくことが望まれます。

185

3 経営指標の値が顕著

収益性の分析に関する経営指標には，売上総利益率，営業利益率，経常利益率，当期純利益率などがあります。これらの指標が大きく変動している，業界平均値との乖離がある，キリのよい数値になっているといった場合，何らかの異常がある可能性があります。経営指標が大きく変動していると，税務署が注目する可能性が高くなるので注意しましょう。

(1) 異常点の表れ方

> □　売上総利益率が例年よりも大きく低下している，業界平均よりも低い
> □　売上総利益率がキリのよい数値となっている
> □　売上は増加しているが，営業利益率が低下傾向にある

(2) 異常点の見つけ方

経営指標を用いた異常点の見つけ方としては，各事業年度の損益計算書の要約表を作成し，3～5事業年度を並べて比較する方法がよいでしょう。単位は千円単位，百万円単位でもかまいません。そして，その下に，売上総利益率などの経営指標を表示するというイメージです。

このようにすると，経営指標が横並びになるため，年度の推移がわかりやすくなります。

186

第Ⅱ章　勘定科目別の異常

【損益計算書の要約表の例】

(単位：千円)

	X1年度	X2年度	X3年度	X4年度	X5年度
売上高					
売上原価					
売上総利益					
販売費及び一般管理費					
営業利益					
営業外収益					
営業外費用					
経常利益					
特別利益					
特別損失					
税引前当期純利益					
法人税等					
法人税等調整額					
税引後当期純利益					

売上総利益率					
営業利益率					
経常利益率					
当期純利益率					

　さらに，この表の数値を使ってグラフを作ると，より視認性が高まります。

(3)　クライアントによる事前対策

　クライアント側でも同様に，損益計算書の要約表を作成するとよいでしょう。さらに，部署別，事業部別，支店別の要約表も作成するとよいでしょう。

　事業部門が多くなると，本部の管理部門は事業部門の行動を把握することが困難となってきますが，このような部署別や事業部別，支店別の損益計算書の要約表を作成することで，異常な変動の有無を把握しやすくなります。もし，異常な変動や不審な推移があれば，部署などの責任者にその理由を質問します。責任者の回答が，その部署が置かれた環境と整合しない場合，妥

187

当と考えられない場合，違和感がある場合は，さらに掘り下げて質問してみます。

このようにして，部署レベルでの税務の異常点も本社レベルで総括的に把握することが重要です。

⑷　税理士が発見した場合の対応

①　変動理由などを明らかにする

税理士が，経営指標に異常な変動や異常な推移などを発見した場合も同じく，理由を質問し，回答を得るようにします。

注意すべきは，ときどき特殊事情があることもあるので，経営指標に異常な変動が生じても，すぐに「経営指標がおかしい」といったことをクライアントに伝えてはならないという点です。この場合，原因を明らかにした上で，数値を補正して検討することも必要でしょう。いきなり「おかしい」と言ってしまうと，クライアントとの関係があまり良好でない場合には，火に油を注ぐ結果にもなりかねません。

特殊事情としては，例えば，会計方針を変更した場合が挙げられます。非上場の企業には馴染みがないかもしれませんが，上場企業など企業会計を適用する会社では，2021年4月1日以後開始する事業年度の期首から「収益認識に関する会計基準」が適用されました。この会計基準によると，企業が代理人に該当するときは，収益は純額で認識します（「収益認識に関する会計基準の適用指針」40）。

クライアントが，販売の一部で代理人取引を行っている場合，純額で計上するわけですから，従来と比較して売上高は減少します。すると当然に，売上総利益率が大きく変動します。また，売上債権回転期間なども大きく変動します（後記4参照）。

実際に，私も収益認識会計基準を適用したクライアントで経営指標に異常な変動値が出たため驚いたことがありました。もちろん，代理人取引による売上高の減少の影響であることに気づきましたが，このような場合は数値を

第Ⅱ章　勘定科目別の異常

補正して算出する必要があります。

　次の表は，売上高300,000，売上総利益率70％の会社において，半分の150,000が代理人取引であり，純額で計算したというケースです。

　まず，代理人取引の場合は，表のとおり，売上総利益は同じですが，売上高と売上原価を総額表示ではなく，純額表示することになります。

【代理人取引による表示】

	①従来の会計基準	②会計方針変更後	差額（②－①）
売上高	150,000	105,000	△45,000
売上原価	45,000	0	△45,000
売上総利益	105,000	105,000	0

　この結果，従来の会計基準と比較して売上高，売上原価は，ともに45,000減少することになります。会計方針変更後の全体の売上高と売上原価などを損益計算書の形で表すと，次の表のとおりとなります。

【会計方針変更前後の変動】

	従来の会計基準	会計方針変更後
売上高	300,000	255,000
売上原価	90,000	45,000
売上総利益	210,000	210,000
販売費及び一般管理費	140,000	140,000
営業利益	70,000	70,000
売上総利益率	70.00%	82.35%
営業利益率	23.33%	27.45%

　売上総利益の金額は変わりませんが，このように計算式の分母である売上高の額が減少したため，内容や構成は変わらないにもかかわらず，売上総利

189

益率と営業利益率は上昇しています。

　このケースでは売上高の50％を代理人取引としましたが，この割合が大きいと，より変動幅が大きくなります。

　このような会計方針の変更があった場合は，数値を補正して，総額で計算して比較するわけです。

　また，代理人取引では，消費税の計算も，課税売上げと課税仕入れは総額に基づいて計算しますので，このあたりも合わせて確認するとよいでしょう。

　このように，会計方針の変更などがあると，経営指標の変動への影響が出てきます。他にも，インボイス導入に伴い，消費税の会計処理を税込方式から税抜方式に変更した会社も多いと思いますが，この場合も若干の影響が出てきます。

　異常値や異常な変動が出た場合には，まずは，何か事情があるのではないかと考えた上で，質問をするとよいでしょう。

② 　法人事業概況説明書などに原因を記載する

　税務署側も，経営指標に異常な変動があった場合には，そこに注目する可能性が高くなりますので，問い合わせがあったときに合理的な説明ができるようにしておきましょう。

　また，上記 *1*(4)②と同様に，確定申告書と合わせて提出する法人事業概況説明書の「当期の営業成績の概要」を記載する欄や，会社事業概況書の「（1．総括表）」の「前期と比較して当期の業績（売上・利益等）に著しい変化がある場合の主な理由」を記載する欄に，経営指標に大きな変動が生じた原因を書いておきましょう。前述の例であれば，会計方針の変更があったことを記載するとよいでしょう。合理的な変動理由が書かれていれば，税務署から直接問い合わせがくる可能性は低くなると思います。

第Ⅱ章　勘定科目別の異常

4　回転期間が実態と合わない

　売上や仕入に異常があった場合，売上債権回転期間，棚卸資産回転期間，仕入債務回転期間といった回転期間にも異常値が表れます。このような回転期間分析は，会計監査の対象とならない非上場の企業では，あまり行っていない傾向がありますが，回転期間分析は，経営管理にも税務の異常点の早期発見にも役立ちます。

　税務署側で回転期間分析を行っているかどうかは不明ですが，回転期間分析は決算書の数値を使用して比較的容易に計算できます。回転期間に異常値が出ている場合は，疑念を持たれる可能性があるかもしれません。

(1)　異常点の表れ方

□　売上債権回転期間が，締日から入金日までの期間と比較して，徐々に短くなっている（後記**設例**参照）

□　滞留債権が多額ではないにもかかわらず，売上債権回転期間が徐々に長くなっている

□　売上はそれほど増加していないにもかかわらず，棚卸資産回転期間が短くなる傾向にある

　（例）棚卸資産を除外すると，分子が小さくなって棚卸資産回転期間が短くなる

□　売上は大きく変わらないにもかかわらず，仕入債務回転期間が他の事業年度と比べて長くなる傾向にある（売上を分母に使用した場合）

　（例）架空仕入を行うと滞留する買掛金が増加するため分子が大きくなり，仕入債務回転期間が長くなる

---

(2)　異常点の見つけ方

①　売上債権回転期間

　売上債権回転期間とは，「売上高に対する売上債権の割合を言い，企業が

191

所有する売上債権がどれくらいの期間で回収できるかを計る尺度」です（財務省「法人企業統計からみえる企業の財務指標」より）。

売上債権は，主に売掛金と受取手形ですが，売掛金のみとすると，売上債権回転期間は次の計算式で算出されます。

$$売上債権回転期間（月）＝\frac{（売掛金期首残高＋売掛金期末残高）÷2}{当期の売上高÷12}$$

例えば，売掛金の回収サイクルを「末締翌28日払」としていた場合，滞留債権がなければ，売上債権回転期間はおおむね1に近い数値となります。なぜかというと，売掛金が発生してから回収されるまでの期間がおおむね1か月だからです。

しかしながら，売上の繰延べや売上の除外があると，この売上債権回転期間に異常値が出てきます。最初は小さな変化ですが，このようなことを繰り返すと，その異常が続くようになってきます。また，税務上の不正は，最初は小さな金額で行われますが，次第に大胆になっていくという傾向があります。当然，異常値の表れ方も大きくなっていきます。

これを簡単な数値を使って見ていくことにします。

【設例1】

わかりやすくするために，毎月100の売上があり，毎月100の売掛金を計上します。売掛金は翌月末日に回収されます。期首の売掛金残高も100とします。

4月	5月	6月	7月	8月	9月	10月	11月	12月	1月	2月	3月
100	100	100	100	100	100	100	100	100	100	100	100

（当期の売上高の合計は1,200）

このケースの売上債権回転期間を計算すると，以下のとおりとなります。

$$売上債権回転期間（月）＝\frac{（売掛金期首残高100＋売掛金期末残高100）÷2}{当期の売上高1,200÷12}$$

$$＝1$$

第Ⅱ章　勘定科目別の異常

売上債権回転期間は 1 となりました。これは売掛金の平均回収期間が 1 か月であることを示しています。実際に，売掛金は翌月末回収なので，回収期間は 1 か月です。

【設例 2】

ここで，業績好調な会社が納税額を減らしたいために，期末月である 3 月の売上を繰延べたとします。繰延べた金額は30とします。

4月	5月	6月	7月	8月	9月	10月	11月	12月	1月	2月	3月
100	100	100	100	100	100	100	100	100	100	100	70

（当期の売上高の合計は1,170）

同じく，売上債権回転期間を計算してみます。

$$売上債権回転期間（月）＝\frac{（売掛金期首残高100＋売掛金期末残高70）÷ 2}{当期の売上高1,170÷12}$$

$$≒0.87（小数点 2 位未満切捨て）$$

売上債権回転期間は約0.87となりました。これは売掛金を約0.87か月で回収していることを示していますが，実際の回収期間である 1 か月を下回っています。このケースでは売上30を繰延べましたが，この金額が増加すると，売上債権回転期間はさらに短くなってきます。

このように，売上と売掛金を恣意的に操作すると，売上債権回転期間に変化が出てきます。1 年分だと小さな変化なので気づきにくいですが，3～5年の期間で分析すると，一定の傾向が出てくるでしょう。

この設例では簡単な数値を使っているのでわかりやすいですが，増収増益が続く業績好調の企業だと，売上も売掛金も増加するので，残高の前期比較だけではわかりにくくなります。しかしながら，このような回転期間や比率を使って分析すると，異常があれば，その兆候が表れてくるのです。

また，同時に業界平均値と比較することも重要です。売上債権回転期間が業界平均値と大きく乖離している場合，何らかの特殊事情がある可能性があります。

193

② 棚卸資産回転期間と仕入債務回転期間

　以上は，売上債権回転期間についての説明でしたが，棚卸資産回転期間，仕入債務回転期間でも同じです。参考までに，棚卸資産回転期間と仕入債務回転期間の計算式を以下に示します。

$$\text{棚卸資産回転期間（月）} = \frac{(\text{棚卸資産期首残高}＋\text{棚卸資産期末残高}) \div 2}{\text{当期の売上高} \div 12}$$

$$\text{仕入債務回転期間（月）} = \frac{(\text{買掛金期首残高}＋\text{買掛金期末残高}) \div 2}{\text{当期の売上原価} \div 12}$$

（注1）　支払手形がなく買掛金のみの会社の場合。
（注2）　売上原価以外に当期仕入高，売上高を使用する場合もある（財務省「法人企業統計からみえる企業の財務指標」は売上高を使用している）。

(3)　クライアントによる事前対策

　回転期間分析は，決算書の数値を使って計算できるので簡便です。一般的には経営管理のために使用されますが，税務の異常点を発見する上でも有効な手段です。

　もし，部署・支店・事業所ごとに貸借対照表を作成している場合には，その部署・支店・事業所ごとに回転期間分析を行うこともできます。

　フォームをあらかじめ作成しておけば，数値を入れるだけで簡単に算出できます。また，自社が属する業界の平均値も把握しておきましょう。

　異常値が出た場合は，原因の分析を行い，経営上の理由なのか，それとも恣意的な操作があったためかといったことを明らかにしておきましょう。

(4)　税理士が発見した場合の対応

　税理士側で異常値を検出した場合，原因の分析を行います。ただし，その分析は多面的に行うことが重要です。

　例えば，上記(2)①の**設例2**のように，売上債権回転期間が短くなったからといって，直ちに売上の除外等が行われたと判断しないようにしましょう。

194

第Ⅱ章　勘定科目別の異常

それまで滞留債権の存在により売上債権回転期間が長くなっていたものが，その債権を回収できたことで，正常な債権のみになったので短くなった可能性もあります。また，回収条件を変更して，回収日が以前よりも短くなったという可能性もあります。

　このように，回転期間の変化があった場合でも，何らかの正当な理由があることもあるので，経理担当者に質問して，原因を明らかにしましょう。もし，つじつまの合わない説明であれば，恣意的な操作の可能性も考えられるので，そのような場合は，さらに原因を追及することになります。

〈小規模会社での対策〉

💡**資金繰りの指標としても有効**

　回転期間分析は，会社の規模にかかわらず有効な分析手法です。

　クライアントが回転期間の計算方法を知らない場合は，税理士が計算式を作成して，クライアント側で計算できるようにしておくとよいでしょう。

　また，回転期間の意義や，クライアントの売掛金や買掛金の締日から入金・出金の期間との比較を行うことの意味も説明します。

　回転期間を用いた指標として，キャッシュ・コンバージョン・サイクルもあります。

キャッシュ・コンバージョン・サイクル
＝売上債権回転期間＋棚卸資産回転期間－仕入債務回転期間

　これは商品や材料を仕入れるためにキャッシュを投下してから，販売により回収するための期間を示すもので，数値が小さいほうが良好です。数値が小さいということは，資金の回収期間が短いからです。これが長くなる傾向にあれば，資金繰りに何らかの問題が生じている可能性があります。

　回転期間分析は，このように経営管理のためにも使用できるものです。税務の異常点の早期発見だけでなく，経営管理のアドバイスを合わせて行うと，クライアントの満足度も高まることでしょう。

 Column

AI時代でも異常取引は続く

　近年は，AIが著しい発展を見せています。国税庁も税務行政のデジタル・トランスフォーメーションの取組みをさらに進めるため，2023年度（令和5年度）から，国税専門官採用試験にB区分を新設し，理工系やデジタル分野の人材を積極的に採用するようになりました。YouTubeによる国税庁公式チャンネルでは，データ分析においてもAIを使用していることが紹介されています。このように，AI時代になると，本書で紹介した異常取引も，AIを使用して漏れなく見つけることが可能な時代がやってくると予測されます。

　そうなると，異常取引はAIが探してくれるようになり，さらに，それが牽制効果となるため不正や誤りは減少するでしょう。すると，税理士が行う帳簿のチェック作業時間も減少します。このようになると，税理士の業務量が少なくなるため，顧問報酬も減少し，さらには，税理士の仕事が激減するのでは，と不安に思われる税理士の方もいるかもしれません。

　しかしながら，私はそうはならないと予測しています。なぜかというと，税務においてAIが進化すると，今度はAI対AIの戦いが始まると予想されるからです。具体的には，AIによる異常取引のチェック機能が進化すると，今度は，AIに異常取引をチェックされないようにする方法をAIが考え出して，さらに巧妙化すると予測します。そうなると，新たな異常取引が生み出されることになります。いわゆるいたちごっこというものです。

　すると，税理士側は，さらに巧妙化した異常取引の表れ方と見つけ方を学び，それをAIに学習させる必要が出てきます。つまり，AIが普及する時代になると，今度は，AIを進化させて使いこなす税理士が必要になってくるのです。そうなると，税理士の業務は減ることがありません。たしかに従来型の税理士の業務は減少するかもしれませんが，AI時代の帳簿チェック作業が新たに出現し，業務時間は減少するどころか激増するかもしれません。

　高度AI時代には，ますます税理士が必要になってくるというのが私の予測です。

第Ⅲ章

会社組織の異常

　第Ⅲ章では，会社組織の異常点を説明します。

　税務に関するコーポレートガバナンスに問題があると，その影響は非常に大きいものとなります。特に，経営者の税務に対する意識は重要です。経営者の意識は，会社の組織や管理体制のすべてに影響を与えます。税法を遵守し，適正な納税を行うという意識を経営者が示さないと，組織の税務リスクが高まります。

　本章では，経営者の意識をはじめ，取締役会や監査役の機能，ビジネスモデル，情報とコミュニケーション，経理担当部署の社内でのポジション，社内の研修体制といったものが税務リスクに与える影響と，その対策について説明しました。税務リスクについて，このような観点で説明されることは少ないですが，会社組織の面から税務リスクを評価して，適正な税務につなげることも必要です。

1 経営者の異常

　経営者の考えは，会社全体に影響を及ぼします。経営者が税法を遵守するという意識が低いと，会社全体のコンプライアンス意識が低くなり，税務の異常が発生する可能性は高くなります。そのため，まず経営者が持つ税務に対する意識が重要となります。

(1) 異常点の表れ方

> ☐ 経営者が税金を軽視する発言をしている
> ☐ 経営者が税務ガバナンスに関するメッセージを発していない
> ☐ 経営者の権力が絶大である
> ☐ 経営者や経営者の個人会社との関連当事者取引がある

(2) 異常点の見つけ方

① 経営者と面談する

　経営者が税務に対してどのような意識を持っているかという点を探るには，やはり経営者と会話することが一番です。

　もちろん，これは訪問時に行う通常の会話で十分です。その中で，経営者が，多少税金をごまかしても大したことはないだろうといったような，税金を軽く見ているような発言をしている場合は，かなりリスクが高いといえます。このような経営者だと，経営者自身が税務の不正を行わなくても，従業員レベルで税務の異常が発生する可能性が高くなります。

　経営者の考え方は会社全体に影響を与えます。そのため，経営者が税務に関する管理体制の構築への意識が低いと，従業員も「あれでいいんだ」と思うようになり，税務のミスだけでなく不正に対する意識も低くなってしまう

198

のです。

② 他の役員や従業員から情報を得る

訪問時に経営者と面談する機会があればよいですが，それなりの規模の会社になると，経営者面談は年に1回，あるいはなかなか機会がないということも珍しくありません。

そのような会社の場合は，他の役員や従業員との会話で経営者の方針や性格をつかむとよいでしょう。

③ 経営者の会社との取引を把握する

オーナー色の強い会社は，経営者の個人会社との取引があることも少なくありません。これは関連当事者取引といわれるもので，経営者の権力が絶大だと，異常な取引を行うことも可能となってしまいます。

上場企業などでは，関連当事者取引を開示することで一定の牽制を行っていますが，会社計算規則においては，会計監査人設置会社以外の株式会社（公開会社を除きます）では，関連当事者との取引に関する注記は求められていません（会社計算規則98条）。そのため，非上場の企業では関連当事者取引に対する意識が高くなく，このようなところで税務上異常な取引が行われるリスクがあります。

したがって，取引相手の中に，経営者や経営者の親族の個人会社がないかどうかも調べておくとよいでしょう。

(3) クライアントによる事前対策

事前対策としては，経営者が，納税が国民の義務であることを認識し，税法を遵守し，適正な納税を行うことを，社内に対してメッセージとして発信するのが最も有効な手段です。このようなことは所詮精神論ではないかと思われるかもしれませんが，やるかやらないかで役員や従業員の意識は大きく変わってきます。

具体的には次の方法があります。

❶　経営者による，会計と税務に関するコンプライアンスメッセージを，社内のコンプライアンス冊子や社内のイントラネットで公開する。

❷　決算の時期が近づいたときは，経営者が全員に税法遵守に関するメールやビデオメッセージを送る。

❸　オフィス内に，社訓とともに税法の遵守に関する貼り紙を掲示する。

❹　社内だけではなく，社外にも公表する。

❸の貼り紙については，「昭和の企業じゃあるまいし……」と思われるかもしれませんが，潜在意識に働きかけることができ，意外に効果があります。

また，❹のように，ホームページなどで社外に公表することで，全社的に意識が高まる効果があります。

精神論と思わずに，実行することが重要です。

(4)　税理士が発見した場合の対応

税理士が，経営者の税務に対する意識の低さを発見した場合は，時間をかけて税法を遵守しなかったときのリスクやペナルティなどを説明して，自分自身が破綻することになるという点を繰り返し伝えましょう。意識というものは，1回説明しただけで変わるようなものではありません。何度も繰り返し説明して，意識の改善を図るようにしましょう。

それと，税理士は軽く見られないようにすることも重要です。類は友を呼ぶではありませんが，税務に対する遵法意識が低い税理士には，遵法意識が低い企業がクライアントとなります。

税理士法1条では，「税理士は，税務に関する専門家として，独立した公正な立場において，申告納税制度の理念にそつて，納税義務者の信頼にこたえ，租税に関する法令に規定された納税義務の適正な実現を図ることを使命とする。」とされています。

税理士は，クライアントに寄り添った立場に立つのではなく，あくまで独立性をもって，税務を行うことが重要です。

第Ⅲ章　会社組織の異常

② 取締役会・監査役の異常

　会社の管理体制が機能しているかどうかを判断する基準として，取締役会と監査役が機能しているかどうかという点があります。取締役会と監査役が機能していないと，経営者が暴走するリスクがあり，税務上の異常が起こるリスクも高まります（ここでは，取締役会設置会社を前提とします）。

(1)　異常点の表れ方

□　取締役会が定期的に開催されていない
□　監査役が取締役会に出席していない
□　監査役が会計監査・業務監査を行っていない
□　税務調査の結果が取締役会に報告されていない
□　税務調査で指摘された事項に対して改善策を策定しない

---

(2)　異常点の見つけ方

①　取締役会議事録を閲覧する

　取締役会の開催頻度については，取締役会議事録を入手すればわかります。会社法では，取締役会は3か月に1回以上はリアルで開催する必要があります（会社法363条2項。第Ⅰ章①4参照）。家族経営のような小規模な会社でなければ，毎月1回は開催する会社が多く見られます。

　この取締役会の開催頻度が3か月に1回未満の場合，会社法に抵触することになり，この時点でコンプライアンスに問題があります。取締役会が定期的に開催されているかどうかは，税務も含めた管理体制全体に影響を及ぼします。

　また，監査役は取締役会への出席義務がありますが（会社法383条1項），

201

その出席状況も取締役会議事録を見れば把握できます。

　税務調査の結果報告も，取締役会議事録の報告事項の欄を見れば，少なくとも報告を行ったかどうかはわかります。どのような質疑応答が行われたのかという点も把握しておきましょう。

②　監査役の監査レポートを閲覧する

　監査役による会計監査・業務監査の実施状況は，監査役による監査レポートを閲覧するとよいでしょう。この監査レポートは，監査役の監査報告書とは異なり，実施した監査手続や発見事項などを記載したもので，様式は自由です。本当に監査役が監査を行ったのであれば，このような記録を残すはずです。このようなレポートがない場合は，監査報告書に署名又は記名押印しただけという可能性があります。

③　再発防止策をまとめた報告書を閲覧する

　税務上の問題が発生していた場合は，社内で検討した再発防止策をまとめた報告書を閲覧するとよいでしょう。再発防止策を策定しないと，また同じことを繰り返す可能性があります。

(3)　クライアントによる事前対策

①　取締役会は毎月開催する

　取締役会は，会社法上は最低3か月に1回は開催することになっていますが，毎月開催するのがよいでしょう。取締役会では，月次の経営成績や予算実績比較も報告しますが，このようなときに，例えばある取引に関する会計処理について，取締役から「税務上の問題はないのか」といった質問が出れば，誤った税務処理をするリスクも低くなります。

　毎月開催することで，直近の経営成績を把握することができ，問題点の早期発見にもつながるのです。

②　社外取締役，社外監査役を選任する

　非上場の会社でも，社外取締役や社外監査役を選任することは管理体制の強化として有効です。社内の人間だけだと，問題が燻っているにもかかわら

第Ⅲ章　会社組織の異常

ず気づかないことがあり，外部の視点の導入によって，不正の防止に役立つことがあります。

なお，顧問税理士を監査役とすることは，自己監査となるので管理体制としてふさわしくありません。

③　税務調査の結果を取締役会で報告する

税務調査を受けた場合は，税務調査での経過報告，指摘事項の内容や結果報告を取締役会で行いましょう。このような情報を，取締役や監査役が共有することで，全員が社内の税務上の問題点を把握することができ，再発の防止にもつながります。

⑷　税理士が発見した場合の対応

クライアントが，取締役会の開催頻度につき，会社法に抵触していればその点を指摘し，必ず最低3か月に1回は開催するよう指導しましょう。

監査役については，形式的なものとなっている場合は，経営者に監査役の役割を伝え，監査役の機能を発揮させるようにしましょう。また，監査役が取締役会への出席義務を果たしていない場合には，会社法に抵触していることを伝える必要があります。

税務調査の結果報告を取締役会で行っていない場合は，必ず報告して，役員全員で情報共有することを促します。税理士からすると，税務調査の指摘事項には，自身のミスや知識不足が原因のものが含まれていることもあるため，他の役員に知られたくない気持ちが働くかもしれませんが，このとき，一緒に再発防止策を考えることが，クライアントの発展につながります。

また，このような機会は，クライアント内に長年続いてきた悪しき慣習や取引慣行を見直すチャンスでもあります。再発防止策を一緒に検討して，税務上の問題点を税理士と役員全員で共有しましょう。

203

AIで会社組織の異常もわかる⁉

　本章で取り上げている会社組織の異常は，会社の雰囲気や文化といった数値に表れないもので，税理士が実際に訪問し，クライアントの経理担当者や他部署の方々と話したり，業務を観察したりする中で把握できるものです。また，このようなものはすぐに把握できるものではなく，数年かけて徐々に把握できるようになります。

　しかしながら，今後は生成AIの活用により，会社の雰囲気や文化も短時間で把握できるようになる可能性があります。

　例えば，最近は，AI議事録自動作成ツールが普及しています。これはAIによる音声認識技術を使って，会議等の音声を自動的にテキスト化し，議事録を作成するものです。ここで作成された議事録では，発言内容が文字起こしされています。この議事録をテキストマイニングによって分析すれば，発言の傾向がわかります。例えば，役員の発言内容を分析し，税務のコンプライアンス意識のレベルを推測することも可能かもしれません。

　また，社内アンケートで「会社の○○についてどのように思いますか？」といった自由記載の結果を分析し，会社組織の状況や企業文化（カルチャー）を短時間で可視化することもできるかもしれません。

　もちろん，生成AIは残業時間，有給休暇取得率といった定量的なデータを分析することも可能です。このような分析は，人間でも可能ですが，生成AIを利用すれば，短時間で大量のデータを分析でき，さらに人間が見落としがちな点まで指摘してくれるという特徴があります。

　このように，生成AIを活用すれば，会社組織の異常を早期に発見でき，さらに，将来起こりうる税務リスクの予測までできるかもしれません。

　とはいえ，生成AIの判断は絶対的なものではありません。会社の雰囲気や文化といった目に見えないものに対しては，人間の勘や感性も大事です。AI時代であっても，税理士は自分の「感じる力」を大事にしましょう。

第Ⅲ章　会社組織の異常

③　ビジネス環境の異常

　クライアントが「儲かるビジネス」に進出したときは，同時に税務上のリスクも発生します。ビジネス環境が良好なのはよいことですが，利益が増大すると，税務上の不正リスクも高くなります。

　国税庁の査察事例によると「時流に即した社会的波及効果の高い事案」が積極的に告発されています。クライアントが時流に乗っているビジネスに進出するときは，税務リスクと不正シナリオの想定も行いましょう。

(1)　異常点の表れ方

> □　流行りのビジネスに手を出し始めた
> □　外部のコンサルタントに勧められて新ビジネスに進出した
> □　節税目的や消費税の還付目的で新ビジネスを始めた
> □　ビジネスモデルやビジネス環境から見て，儲かるはずなのに，売上や利益がそれほどでもない

(2)　異常点の見つけ方

①　事業計画書や取締役会議事録を閲覧する

　クライアントが多角化経営を行おうとしている場合，事業計画書や取締役会議事録を閲覧し，どのようなビジネスを検討し，どのような方向に向かっているかを押さえておきましょう。

　また，このとき，クライアント自身が調査して決定したのか，それとも外部のコンサルタントなどから勧められて決定したのかという点も知っておくとよいでしょう。外部のコンサルタントにもさまざまな人物がいます。税務上の不正スキームを吹き込まれていないか，注意するほうがよいと思います。

205

② ビジネスモデルを理解する

クライアントが新しいビジネスを行うときは，ビジネスモデルを理解しましょう。これによって，税務上のリスクを想定することができます。

流行りのビジネスにはいろいろありますが，国税庁の査察事例を見ると，例えば次のものが見受けられます（所得税の事例を含みます）。このようなビジネスは税務上のリスクも高いと想定されます。

---

❶　太陽光発電
❷　SNS関連
❸　リゾート地における外国法人向け不動産取引
❹　トレーディングカード
❺　貧困ビジネス

近年は，❻輸出物品販売場（以下「免税店」といいます）における事案もあります。また，コロナ禍の時期は，❼新型コロナ関連，東日本大震災のときは，❽原発関連のビジネスもありました。

③　新ビジネス進出の動機を把握する

新しいビジネスを行うときの動機にも注意するほうがよいでしょう。通常は，多角化により収益力を高めたい，あるいは非関連多角化によりリスクの分散を図るといったものですが，「節税のため」といった税金対策目的の場合は，税務リスクが高くなります。

例えば，免税店を開設するプロジェクトが立ち上がったとします。この場合，現在，小売業を営んでいる会社が，「近年は訪日外国人旅行客が増大し，インバウンド需要が高いから」という理由で準備を進めることは，特段珍しいものではありません。実際に，外国人旅行客がお土産として，化粧品などさまざまな一般物品や消耗品を購入しています。

一方，小売を全く行っていない会社が，「免税売上げを行うと消費税が還付されるらしい。なかなかいいビジネスだ」という動機で，小売業を始める場合は，消費税の還付を目的としているので要注意です。

206

第Ⅲ章　会社組織の異常

実際に，近年，免税店を利用した消費税の不正還付が増加しています。このようなビジネスでは，架空仕入，架空免税売上のリスクが高くなります。消費税の還付目的で免税店を開業するような経営者だと，このような不正還付を行うリスクも高くなるのです。

④　儲かるビジネスと利益の関係を見る

時流に乗っているビジネスであるにもかかわらず，売上の伸びがそれほどでもない，利益もそれほど出ていないといったケースも注意するとよいでしょう。

もちろん，事業開始時は，売上高よりも家賃や人件費といった固定費のほうが多いことから，赤字スタートになることが少なくありません。しかし，そこから売上が増加し，利益も黒字になった後，それまでの増加率と比べてペースが鈍っているときは，税金逃れのため，売上除外や架空経費の計上を行っている可能性もあります。

(3)　クライアントによる事前対策

①　他の取締役がブレーキをかける

儲かるビジネスに進出することは，経営上必要なことなので必ずしも問題となるものではありませんが，経営者が過度の節税や消費税の還付を動機として進出しようとしているときは，他の取締役は取締役会において異議を述べることが望まれます。いわばブレーキの役割です。

②　ビジネスモデルと税務リスクを理解する

流行りの新しいビジネスでは，往々にして，そのビジネスに関連する会計処理や税務が制度として確立していません。そのため，そのビジネスモデルと税務リスクを理解し，税務署とは見解の相違が発生しやすくなるリスクがあるという点を事前に知っておくことが重要です。また，想定される指摘事項とそれに対する説明を考えておくとよいでしょう。

⑷ 税理士が発見した場合の対応

① 税務リスクを想定する

　クライアントが，儲かりそうなビジネスを行おうとしている，又はそのビジネスを始めたといった場合には，税務リスクを想定します。多いのは売上除外，架空仕入・経費の計上なので，どこにそのリスクがあるかをあらかじめ想定しておくとよいでしょう。その上で，クライアント側が，このような税務リスクを把握しているかどうかを確認しておきましょう。

② ビジネス開始までのプロセスを確認する

　また，上記⑵①のように，どのような経緯で新ビジネスを思いついて決定したのか，そのプロセスを確認しておきましょう。顧問税理士に相談せず，外部のコンサルタントに相談している場合は，リスクの高いスキームを提案されている可能性もあります。

　外部のコンサルタントがいるかどうかは，まず総勘定元帳を見て，支払手数料，業務委託料といった勘定をチェックします。中には，経営者が個人的にアドバイスを受けている可能性もありますので，その場合は，他の役員や経理担当者との会話から探っていくことになります。

〈小規模会社での対策〉

> **♀社長の暴走を防ぐ**
>
> 　小規模な会社では取締役会や監査役の機能を期待できないことが多いのが現実です。それどころか，社長の思いつきで，儲かりそうなビジネスに準備不足のまま手を出してしまいがちです。節税目的で進めることも珍しくありません。
>
> 　もちろん，税理士はクライアントの経営者ではありませんから，真っ向から反対することは難しいと思います。しかし，過度の節税や税金の還付目的で新しいビジネスを始めようとしているときは，納税者は適正な納税を行う必要がある旨を説明するとよいでしょう。そのためには，普段から社長に税務ガバナンスの重要性を繰り返し説明することが重要となります。

第Ⅲ章　会社組織の異常

4　情報伝達の異常

　クライアントの社内において，必要な情報が正しく伝えられることは，税務上も非常に重要です。この情報の伝達に異常があると，正しい税務情報が適時に伝達されず，税務上の異常が生じるリスクが高まります。また，税務上の問題点が組織内に伝わらず，再発のリスクも高まってしまいます。

(1)　異常点の表れ方

□　カットオフエラーが頻繁に発生する
□　他部署から，大規模取引，例外取引，海外取引（輸出取引，非居住者の源泉所得税）などの内容が経理担当部署に正確に伝わっていない
□　経理担当部署が取締役会の決議・報告内容を把握していない
□　管理職クラスに人間関係の悪化が見られる
□　内部通報制度がない

(2)　異常点の見つけ方

①　月次決算と年次決算の状況を把握する

　月次決算と年次決算の際に，他の部署や事業所などから情報が遅れて届くことが多い会社は，情報の伝達に何らかの問題がある可能性があります。

　例えば，期末月に計上すべき買掛金や未払金の情報が決算の締切日を過ぎてから経理担当部署に入ってきて，費用が翌事業年度に繰延べとなってしまう，いわゆるカットオフエラーが毎年発生するような会社は，経理担当部署と他部署の間に何らかの異常がある可能性があります。

　また，大規模取引や例外的な取引などの情報が経理担当部署に遅れて入ってくる場合も要注意です。ある会社では，法律事務所の相談料の請求書が，

209

決算の締切日を過ぎて経理担当部署に届いたことがありました。この請求書は，なぜか法務部ではなく秘書室に届けられていて，しかも秘書が長期休暇に入っていたため，そのまま放置されていたのだそうです。秘書室の派遣社員が気づいて，「こんなの来てたんですけど……」と経理担当部署に持ってきたものの，決算の締切日は過ぎていました。

　このように情報がスムーズに伝わらないこともありますので，月次決算や年次決算の状況をチェックするようにしましょう。

②　人間関係を把握する

　クライアントの社内の人間関係を知っておくことも重要です。ただ，これはすぐにわかるものではなく，ある程度の年月が必要です。

　どの会社でも，必ず犬猿の仲の人たちがいますが，これは仕方がないことです。しかし，これが役員や管理職レベルであると，重要な情報が部署間で伝達されないおそれがあるので要注意です。ある会社では，部長と年下の役員の関係が極めて悪く，口は絶対聞かない，社内にいても連絡はメールのみということがありました。このようなケースは，困らせてやろうとしてわざと情報を伝えないリスクもあります。

③　内部通報体制の状況をチェックする

　内部公益通報対応体制（以下「内部通報体制」といいます）が設けられ，運用されているかどうかのチェックもしておきましょう。現在，常時使用する労働者の数が300人を超える事業者に対しては，内部通報体制の整備が義務づけられています（公益通報者保護法11条1項，2項）。なお，常時使用する労働者の数が300人以下の事業者に対しては，努力義務となっています（同法11条3項）。

　内部通報体制があれば，税務上の不正を早期に把握できる可能性があります。労働者の数が300人以下の事業者の場合であっても，不正を通報できる体制となっているかどうかを確認しておきましょう。

第Ⅲ章　会社組織の異常

(3)　クライアントによる事前対策

①　アナログ面とデジタル面

　情報の伝達を正常に機能させるために，まずアナログ面では，円滑な人間関係とコミュニケーションを構築することになります。とはいえ，一朝一夕にはいかないので，社員教育の段階から，常に報告の徹底を行うとよいでしょう。

　次にデジタル面では，会計ソフトはクラウド版を使用することにより，離れた場所にある事業所等の会計処理の状況や動きを本社・本部において把握することが可能となります。また，クラウド型のファイル共有サービスを使用することで，すべての事業部門，地理的に離れた事業所等とデータを共有することができるので，資料の閲覧も容易となります。

　連絡手段はチャットを使うことで情報伝達を行いやすくなり，また全員のメッセージのやりとりを本社・本部で把握することも可能となります。取引先との連絡もチャットで行うようにして，本社・本部で閲覧できるようにすれば，事業部門が進めている業務の把握も行いやすくなります。

②　経理担当部署へ情報集約する

　情報共有やチェック機能の強化を進めるためには，経理担当部署への情報集約を進めることも重要です。第Ⅰ章[1] 4で紹介したように，稟議書は回付するときに経理担当部署も通すことで，経理担当部署がイレギュラーな取引や新規の取引を把握することができ，税務上の問題点に対して事前に対策を立てることができるようになります。取締役会議事録の閲覧も同様です。

　また，経理担当部署と他の事業部門との連絡会議を毎月行うことも有効です。このような会議は，オンラインで，短時間（30分程度。長くても１時間）で行うとよいでしょう。会議室を使って紙で会議資料を準備して……となると，会議開催のために時間がかかってしまい，会議の目的を見失ってしまうおそれがあるからです。

　また，金額の大きい取引，イレギュラーな取引などについては，税務上の

211

問題点がないかどうか，事業部門から経理担当部署に必ず相談するルールを
設けるという方法も考えられます。

　第Ⅱ章14でも説明したように，他部署と経理担当部署の情報共有ができて
いれば，例えば，創業記念品や社員旅行といった経済的利益が関連するもの
でも，企画段階で税務上の問題点をクリアしてスムーズに進めることができ
ます。情報の伝達がうまく進めば，業務の効率化にもつながるのです。

(4)　税理士が発見した場合の対応

　税理士が，クライアント内の情報の伝達に問題があることを発見した場合，
特に人間関係は税理士にはどうしようもないので，まず，状況を静観しま
しょう。

　しかし，決算期においては，重要な取引など会計・税務に関する情報の連
絡漏れをなくすため，経理担当部署に対して，各事業部門に周知徹底しても
らうようお願いしましょう。

　また，このような会社では，何らかの情報の伝達漏れがあるものと思って，
「○○の取引はなかったですか？」，「○○について経理担当部署に連絡はき
ていますか？」といったように，税理士の側から確認するように心がけてお
くとよいでしょう。

第Ⅲ章　会社組織の異常

⑤　部署間の異常

　企業が成長すると，従業員数が増え，事業部門も増加します。そして，組織が大きくなると，意思決定の迅速化などのために事業部門に権限委譲が行われます。そうなると，本社の管理部門と事業部門との連携が難しくなり，チェックも十分に機能しなくなる傾向が出てきます。さらに，営業部など現場サイドの力が強いと，パワーバランスが崩れ，経理担当部署のチェックや牽制も弱くなります。

(1)　異常点の表れ方

☐　営業部など事業部門の力が強く，経理担当部署が弱い立場にある
☐　大幅な権限委譲が行われて，本社のチェックが十分に機能していない
☐　事業所・支店・店舗が多く，本社が情報共有できていない傾向がある

(2)　異常点の見つけ方

①　トップの出身畑を把握する

　経理担当部署と事業部門との力関係は，それなりの年月を経ないと外部からはわかるものではありません。しかし，そのクライアントのトップが営業系の出身か，それとも管理系の出身かで，ある程度そのバランスがわかることもあります。特に，代々営業系の出身者がトップとなる会社は，営業部など現場の力のほうが強い傾向があります。

　例えば，営業部に「給料の源泉を稼いでいるのは自分たちだ。何も営業活動をしていない管理部門が給料をもらえるのは，自分たちが頑張っているからだ」という意識が強くなると，経理担当部署よりも営業部の発言力が強くなってきます。その結果，経理担当部署が会計処理や税務処理について意見

213

を言っても，営業部の考えに押し切られることがあります。

　ここでは，営業系を例に説明しましたが，他にも製造系やシステム系の
トップもいます。出身業務はトップの経営方針にも影響を与えるので，トッ
プが主にどの業務畑を歩んできたか，その経歴を知っておくとよいでしょう。

② 　権限委譲の状況を把握する

　組織が大きくなると，経営意思決定の迅速化などの目的のため，事業部門
に対して権限委譲が行われます。その結果，どうしても本社や本部からの
チェックが働きにくい状況となり，情報共有も行いにくくなります。

　権限委譲の度合いが大きい組織形態として代表的なのは事業部制ですが，
他にも，第Ⅱ章⑤ *3* でも説明したように，例の1つとして社会福祉法人があ
ります。社会福祉法人はもともと「地域ありき」という考えがあり，施設長
が強い権限を持つ傾向があります。昔は施設（特別養護老人ホームなど）に
よって顧問税理士が異なっていた社会福祉法人もあったそうです。現在でも，
預金口座を施設長名義で開設している法人も少なくありません。

　このように，組織規模が大きくなり，事業部門の権限が強くなると，本
社・本部の目が行き届きにくくなります。事業部，部署，事業所，支店，店
舗があるクライアントについては，どの程度の権限委譲が行われているかを
確認しておきましょう。

(3) 　クライアントによる事前対策

　会社が収益を上げることができるのは，営業部など現場が頑張っているこ
とが大きな要因であることは事実なので，現場が管理部門を低く見る傾向が
出てきてしまうのはやむを得ない面もあるかもしれません。

　しかし，そのような社風を作ってしまうと，経理担当部署が現場サイドの
言いなりになってしまい，会計や税務において異常が発生するリスクが高く
なります。

　税務でいうと，例えば，ある部門が，予算消化のために架空費用を計上し
たとします。もちろん，架空費用の計上は許されることではありません。そ

第Ⅲ章　会社組織の異常

こで，経理担当部署が架空費用の計上は認められないと指摘したとします。しかし，経理担当部署の立場が弱いと，「少しぐらい別にいいじゃないか。誰のお陰で飯を食えてるんだよ⁉」と反論され，そのまま見逃すといったこともありえない話ではありません。

実際に，売上計上の場面で現場サイドの意向が通ってしまっていたケースもありました。会計上，前受金処理が妥当と考えられる部分まで売上として計上していたのです。現場の担当者としては，売上で自分の業績を判断されるので，早く売上に計上してほしいわけです。その結果，現場の意向が通ってしまい，売上の繰上計上がまかり通ってしまっていました。

しかし，適正な会計と税務を行うためには，絶対にこのような社風を作ってはいけません。そのためには，会社のトップである経営者が経理担当部署のポジションを保障し，経理担当部署に発言力をもたせることが重要となります。

⑷　税理士が発見した場合の対応

経理担当部署と事業部門との力関係について，もし事業部門のほうの力が強い傾向がある場合には，事業部門に関係する売上，仕入，経費といった取引が不適切な処理になっていないか，時間をかけてチェックするとよいでしょう。

仮に，税務上，不適切な処理が行われていて，さらに，経理担当者から「事業部門からの要請でこのような処理をしました」という回答が返ってきた場合は，経理担当者が現場に指摘しても，突っぱねられる可能性が高いと思います。

そのようなときは，経理担当者に「私の名前を出してもらってよい」と話すとよいでしょう。つまり，「税理士の先生がこのようにおっしゃっているので……」と経理担当部署を通して現場に伝えるのです。そのようにすれば説得力があり，修正される可能性が高まります。

215

6 税務学習の異常

　税務の管理体制を構築するには，経理担当部署だけでなく，役員・従業員全員が簡単でよいので税務の基礎知識を身につけることが重要です。税務は顧問税理士任せとなってしまうと，顧問税理士はすべての取引をチェックしているわけではありませんから，チェックしきれなかった部分で税務の異常が発生する可能性が高まります。

(1) 異常点の表れ方

□　社内研修の中に税務の学習プログラムがない
□　会計や税務に関する雑誌を会社で定期購読していない
□　社外の税務研修に参加する慣習がない
□　顧問税理士に税務に関する質問や相談がない

(2) 異常点の見つけ方

① 研修の実施状況を把握する

　税務学習に関する異常点の見つけ方としては，社内研修について，どのような内容の研修を行っているのか，研修一覧を見せてもらうとよいでしょう。普段の訪問の際に聞いてみるという方法もあります。

　また，会計や税務に関する雑誌の購読状況，社外の税務研修の参加状況についても，経理担当者との会話の中で聞いてみるとよいでしょう。

② 形だけとなっていないかを確かめる

　クライアントの社内で税務学習が行われていても，全員が理解できていないと形だけの研修となってしまいます。そのため，役員や従業員が理解できるような研修を実施しているかという観点も確認しておくことがポイントです。

第Ⅲ章　会社組織の異常

　国税庁「納税者の税務コンプライアンスの維持・向上に向けた取組」（令和6年2月）では，「再発防止策の有効事例」として，受講者アンケートの結果，理解度がさまざまであることが判明したため，「e－ラーニング」の内容を社員の理解度に応じた内容（基礎編・応用編などに細分化）に改めたという事例が紹介されています。

　このように，研修実施後は，アンケートをとるなどして理解度をチェックし，社員全員のレベルアップを図りましょう。

③　経営者・経理担当者との話の内容を振り返る

　「顧問税理士に税務に関する質問や相談がない」という点については，どのレベルを「ない」と判断するかは，税理士によるところとなり難しいところですが，私の経験上，ある程度の税務の基礎知識がある経理担当者であれば，例えば，修繕に関するそれなりの金額の支出があった場合，「この支出は修繕費として処理してよいですか？」と事前に質問してくると思います。なぜかというと，修繕に関する支出は，第Ⅱ章⑤2で述べたように，法人税法においては資本的支出とすべきものを修繕費として処理してしまうと大きな問題になりかねないため，経理関係者はかなり神経を使う論点だからです。もし，この質問・相談がない場合は，社内で税務に関する学習が進んでいない可能性が高いのではないでしょうか。

　逆に，例えば，第Ⅱ章⑭の給与等に係る経済的利益に関する質問・相談が・・ある会社であれば，税務学習は浸透しているのではないかと思います。なぜかというと，給与等に係る経済的利益は，日常生活・日常業務を送っているビジネスパーソンだと，通常，気づくことは少なく，何らかの税務学習によって初めて知る論点だからです。

　このように，税務に関する質問や相談については，税理士によってそのレベル感の判断が異なりますが，過去の自分の経験や経営者・経理担当者との話の内容を振り返りながら，自分の判断基準を定めるとよいと思います。

217

⑶　クライアントによる事前対策

①　トップダウンで研修体制を築く

社内のすべての役員・従業員を対象とした会計・税務研修は，経営者が発令してトップダウンで行うとよいでしょう。会社によっては，研修を受講しようとすると，「仕事をサボって休もうとしている」と思われることもあるかもしれません。そうならないように，経営者自ら研修の受講を奨励し，役員・従業員が学ぼうとする風土を醸成することが望まれます。

②　会計・税務の雑誌を購読する

会計や税務の雑誌は最新の情報を紹介しています。どれを選んでよいかわからないときは，顧問税理士に相談するとよいでしょう。顧問税理士が購読しているものと同じ雑誌であれば，共通の話題を作りやすくなります。

③　税理士，会計事務所経験者を採用する

社内で税務精通者を一から育成するのは現実問題として困難といえます。そこで，税理士や会計事務所経験者を採用するという方法があります。税理士の数はあまり多くないですが，会計事務所経験者の人数は税理士よりも多く，税理士試験の科目合格者もいます。このような即戦力人材を採用して，社内の税務スペシャリストとして育成することが，育成期間の短縮化につながります。

④　顧問税理士とのコミュニケーションを深める

税務を顧問税理士任せにしてしまうと，会社の成長は見込めません。そのため，経理担当者は顧問税理士に対して積極的に質問するなどして，税務知識の習得に努めるべきでしょう。

⑷　税理士が発見した場合の対応

クライアントが税務学習に力を入れていないと感じたら，税理士側から税務に関する情報を積極的に発信します。例えば，国税庁のホームページをチェックして，新しい情報がアップされたら，その情報をお伝えするといっ

第Ⅲ章　会社組織の異常

た具合です。そうすることで，クライアント内で徐々に税務への関心が高まり，意識の向上にもつながります。

　また，会計・税務雑誌の紹介については，「雑誌を読むように」という命令形ではなく「このような雑誌を読むといいですよ」という勧める形の言い方がよいでしょう。前述のとおり，自分が購読しているものと同じ雑誌であれば，会話をしやすくなります。

〈小規模会社での対策〉

> ♀税理士が積極的に発信する
>
> 　小規模な会社では，人員が少ないため，経理担当者は日々の経理業務を行うことで手一杯という会社も少なくありません。そのため，経理担当者は，なかなか業務時間内に研修を受けることができない傾向にあります。
>
> 　このような会社では，税理士から積極的に税務の情報を伝えることが特に重要となります。税理士から経理担当者に税務の最新情報を伝えることで，経理担当者は研修を受ける代わりに知識の習得につながりますし，会計や税務の処理の誤りを少なくすることができます。
>
> 　私もインボイス導入時には，例えば，旅費交通費特例などの摘要欄の書き方を一覧表にして提供するなど，こちらから情報発信をしました。このようにすれば，後から大量の修正事項が発生するリスクは小さくなります。
>
> 　ぜひ，税理士から積極的に税務の情報を伝えましょう。

 Column

税務コーポレートガバナンスは中小企業にも波及する

　現在,国税庁は,国税局の調査(査察)課所管法人のうち,特別国税調査官が所掌する法人に対して,「税務に関するコーポレートガバナンス」(以下「税務CG」といいます)の充実に向けた取組みを行っています。

　これは,対象企業に対して税務CGを自己評価してもらった後,国税局が調査を行い,評価を行うというものです。対象企業はいわゆる大企業ですが,これはいずれ中小企業にも波及してきます。なぜかというと,大企業による税務CGの重視傾向が高まると,取引先や融資先にも,同じく税務CGの充実が要求されるからです。

　例えば,大企業が,巨額の脱税を行った,税務CGに問題がある企業と取引や融資を行っていたとします。そうなると,取引や融資を行った大企業は,税務CGに問題がある企業と関わりがあることになり,レピュテーション(評判)が下がりかねません。そのため,税務CGに力を入れている大企業は,税務CGに無関心な企業とは取引や融資を控えるようになることが予想されます。そうなると,中小企業も税務CGの充実に取り組まざるを得なくなるのです。

　このように,近い将来,中小企業にも税務CGが波及してくると予想されます。そのため,中小企業も税務CGに対して無関心ではいられません。見方を変えると,税務CGが充実していれば,取引先からも高い評価が得られ,企業の成長や価値の向上につながるのです。

　ぜひ,税務CGの充実に努めましょう！

おわりに

　本書では，税務の異常点とその表れ方と見つけ方について説明しました。また，その対策については，税務ガバナンスの観点から説明しました。

　近年は，内部通報制度やSNSの発展などにより，企業不祥事が明るみになることが多くなっています。税務に関する不正では，架空取引や水増し取引による経費の過大計上が多く見られます。さらに，最近では輸出免税を利用した消費税の不正還付が増大しています。

　このような税務に関する不正はもちろん，税務処理の誤りで大きな修正申告を行ったことが明らかになると，企業の評判にも影響が出てきてしまいます。しかし，税務ガバナンスが充実すれば，このような事態を事前に防止することができ，企業の持続的成長と企業価値の向上につながります。そして，税務に携わる税理士は，税務の異常点を早期に発見して適正な申告を行い，企業の発展に貢献することが期待されます。

　本書の執筆につきましては，今回も企画していただいた株式会社中央経済社の川上哲也様に感謝を申し上げます。そして，これまで実務でご教示いただいた公認会計士，税理士の方々，刊行に尽力して下さった株式会社中央経済社の方々に感謝申し上げます。

　2023年5月に新型コロナウイルス感染症が5類感染症に移行となって以降，やっと以前の日常生活が戻ってきました。京都も外国人観光客が増大し，以前のにぎわいが戻ってきています。

　最後になりましたが，本書が皆様の日々の実務に役立ちましたら幸いです。

2024年4月
京都・五条七本松にて
公認会計士・税理士　森　智幸

参考文献

岸田光正『否認事例・誤りやすい事例による　税務調査の重点項目〔第3版〕』（税務研究会出版局，2022年）

北川知明『小さな会社の経理・人事・総務がぜんぶ自分でできる本』（ソシム，2017年）

國村年・松井大輔・大野貴史『誰も教えてくれなかった　実地棚卸の実務Q&A』（中央経済社，2013年）

菅信浩『チェックリストでリスクが見える　内部統制構築ガイド』（中央経済社，2023年）

PwCあらた有限責任監査法人編『経営監査へのアプローチ　企業価値向上のための総合的内部監査10の視点』（清文社，2017年）

弥永真生『リーガルマインド会社法〔第15版〕』（有斐閣，2021年）

拙稿「顧問先が税理士に対して抱く期待とその乖離の解消について」『近畿税理士界』721号7面

【著者略歴】

森　智幸（もり　ともゆき）

公認会計士・税理士

東京都出身。慶應義塾大学商学部卒業。神戸の会計事務所，大阪の監査法人，京都の監査法人の代表社員を経て，2019年9月に独立し，森 智幸公認会計士・税理士事務所を開業。株式会社や公益法人の会計・税務・コンサルティングのほか，ガバナンス強化支援，内部監査，中小企業の経営支援などの業務を行う。同年よりPwCあらた有限責任監査法人（現PwC Japan有限責任監査法人）に所属。ガバナンスに関するアドバイザリー業務などを行う。

〈主な執筆〉

『独立する公認会計士のための税理士実務100の心得』（中央経済社）2023年9月

『現場で使える「会計上の見積り」の実務』（清文社，日本公認会計士協会京滋会編，共著）2022年4月

『「社会福祉充実計画」の作成ガイド』（中央経済社，平安監査法人編，共著）2017年3月

『税務弘報』（中央経済社），『税経通信』（税務経理協会），『企業実務』（日本実業出版社）など雑誌への寄稿多数

〈主な役員・委員歴〉

近畿税理士会研修部部員

日本公認会計士協会京滋会後進育成部副部長など

一般社団法人研友会相談役

京都市各局の委員会の委員など

〈ホームページ〉

https://www.mori-cpaoffice.com/

税務の異常点の表れ方と見つけ方

2024年12月15日　第1版第1刷発行

著　者	森	智　幸
発行者	山　本	継
発行所	㈱中 央 経 済 社	
発売元	㈱中央経済グループ パ ブ リ ッ シ ン グ	

〒101-0051　東京都千代田区神田神保町1‐35
電話　03 (3293) 3371 (編集代表)
03 (3293) 3381 (営業代表)
https://www.chuokeizai.co.jp

© 2024
Printed in Japan

印刷／㈱堀 内 印 刷 所
製本／侑井 上 製 本 所

＊頁の「欠落」や「順序違い」などがありましたらお取り替えいた
しますので発売元までご送付ください。(送料小社負担)

ISBN978-4-502-51691-7　C3034

JCOPY〈出版者著作権管理機構委託出版物〉本書を無断で複写複製 (コピー) することは,
著作権法上の例外を除き,禁じられています。本書をコピーされる場合は事前に出版者著
作権管理機構 (JCOPY) の許諾を受けてください。
　JCOPY〈https://www.jcopy.or.jp　eメール：info@jcopy.or.jp〉